LE VIEUX CORDELIER.

Imprimerie de J.-L. BELLEMAIN, rue Saint-Denis, 268.

CAMILLE DESMOULINS

Son portrait véritable exécuté sur une miniature de lui-même faite à la Conciergerie en 1794.

Publié par Ebrard rue des Mathurins St J. 24

LE VIEUX CORDELIER

DE

Camille-Desmoulins,

DÉPUTÉ A LA CONVENTION, ET DOYEN DES JACOBINS.

Seule Édition complète.

Précédée d'un essai sur la vie et les écrits de l'auteur,

Par M. Matton aîné,

PARENT DE CAMILLE-DESMOULINS ET POSSESSEUR DE SES MANUSCRITS.

PARIS.

ÉBRARD, LIBRAIRE-ÉDITEUR,

24, RUE DES MATHURINS-SAINT-JACQUES.

1834.

ESSAI SUR LA VIE

DE

CAMILLE-DESMOULINS.

Camille-Desmoulins est né à Guise (Aisne), en 1762. Il était fils de M. Desmoulins, lieutenant-général au baillage de cette ville et de Madeleine Godart de Wiége. Dès sa plus tendre jeunesse on remarqua en lui d'heureuses dispositions pour l'étude; mais son père, peu favorisé de la fortune, ne pouvait l'envoyer dans des écoles publiques. M. de Viefville-des-Essarts, son parent, qui depuis fut député aux états-généraux, témoin de la vivacité d'esprit du jeune Camille et de son amour pour les livres, demanda et obtint pour lui une bourse à ce fameux collége de Paris, d'où sont sortis presque tous les hommes de la révolution, au collége de Louis-le-Grand. C'est là que Camille fit connaissance de Maximilien Robespierre. Ils différaient de caractère; mais l'un et l'autre avaient au plus haut point, cette passion qui distingua toujours les hommes de génie, les grands hommes, l'amour de la liberté et de l'indépendance. L'éducation toute républicaine que l'on donnait alors à des jeunes gens nés pour vivre sous une monarchie, contribua beaucoup à développer leur caractère. Sans cesse et sous toutes les formes, on leur présentait l'histoire des Gracques, des Brutus, des Caton. Camille était toujours avec Robespierre et la conversation roulait le plus souvent sur la constitution de la république romaine.

Dans une de ses premières classes, il reçut pour prix les *Révolutions romaines* de Vertot. La lecture de cet ouvrage le transporta d'admiration; aussi dans la suite, il en eut toujours un volume dans sa poche. C'était pour lui un compagnon indispensable, c'était son *vade mecum*. Il en usa ou perdit au moins une vingtaine de volumes. C'est peut-être à cet ouvrage excellent et au travail particulier qu'il a fait des discours de Cicéron et surtout de ses Philippiques (1), que l'on doit le style vif et tranchant qui distingue tous les écrits sortis de la plume de Camille. Les idées ré-

---

(1) J'ai une édition des discours de Cicéron qui a appartenu à Camille. Les marges sont couvertes de notes de sa main, plusieurs de ses amis ont trouvées excellentes.

publicaines qu'il avait puisées dans Cicéron et Vertot allaient chez lui jusqu'à l'exaltation. On va s'en convaincre. Dans les vacances de 1784 il allait souvent chez Madame Godart de Wiége, qui s'amusait beaucoup à le contrarier sur ses opinions politiques. Un jour, pendant le dîner et en présence d'un grand nombre de convives, elle le contrarie plus que jamais. Camille se lève furieux de sa chaise, jette sa serviette, monte sur la table au milieu des plats et parle pendant une heure, pour lui prouver et à la société qui l'entoure, que le gouvernement républicain est le seul qui convienne à des hommes libres et qu'il n'y a que des esclaves qui puissent courber la tête sous le joug de la royauté.

Après avoir terminé ses études avec de brillants succès, il fit son droit et exerça au barreau de Paris la profession d'avocat.

Il avait 27 ans lorsque s'ouvrit l'assemblée des états-généraux. C'est alors qu'il commence à se faire connaître par ses idées républicaines et par son amour pour la patrie. Il répand des pamphlets avec profusion dans toutes les classes du peuple et fait de la politique dans le jardin du Palais-Royal, qui était alors devenu le rendez-vous des patriotes les plus ardents, les plus déterminés. Il bégayait un peu; cependant son éloquence était entraînante et persuasive. Il en donna bientôt une preuve.

Le 10 juillet 1789, sur la motion de Mirabeau, une députation de 24 membres présidée par l'archevêque de Vienne, présenta au roi une adresse pleine d'énergie pour l'engager à éloigner sur-le-champ les armées nombreuses, les trains d'artillerie et tous les sinistres apprêts de ruine, de sang et de carnage, que depuis quelques jours il étale aux yeux des Français et surtout des habitans de la capitale. Le roi ne fit qu'une réponse ambigue et conserva ces appareils formidables qu'il croyait nécessaires, dit-il, au maintien de l'ordre et de la liberté; mais qui firent penser qu'il était disposé à régner sur des ruines et des cadavres, plutôt que de satisfaire le vœu sacré de la nation. Necker, alors ministre, déclare hautement désapprouver toutes les mesures de force brutale. Ce conseil était sage; mais le despotisme, toujours aveugle, ne peut souffrir d'obstacle; il brise, il renverse tout jusqu'au moment où il tombe lui-même dans l'abîme qu'il s'est creusé. La popularité de Necker est à son comble. On la lui fait payer cher. Le 11, le roi lui donne l'ordre de sortir du royaume dans les 24 heures, avec le

plus grand secret. Le 12, à midi, la nouvelle de l'exil de Necker se répand subitement dans tous les quartiers de la capitale. Les patriotes indignés se rassemblent en foule au jardin du Palais-Royal ; les esprits s'échauffent, les groupes deviennent menaçans. Il était 3 heures et demie. Camille-Desmoulins paraît alors ; il monte, ou plutôt il est porté sur une table. Une foule immense le presse : « Citoyens, dit-il, il n'y a pas un moment
« à perdre ; j'arrive de Versailles ; Necker est
« renvoyé ; ce renvoi est le tocsin d'une Saint-
« Barthélemy des patriotes ; ce soir tous les ba-
« taillons suisses et allemands sortiront du Champ-
« de-Mars pour nous égorger : il ne nous reste
« qu'une ressource, c'est de courir aux armes
« et de prendre une cocarde pour nous recon-
« naître. »

Des applaudissemens se font entendre de toutes parts. Camille-Desmoulins tire alors deux pistolets de sa poche et s'écrie : « Que tous les bons « citoyens m'imitent. » Il descend étouffé d'embrassemens ; les uns le serrent contre leur cœur ; d'autres le baignent dans leurs larmes. Il attache un morceau de ruban vert à son chapeau et en distribue à ceux qui l'entourent ; mais en une minute les rubans sont épuisés. « Eh bien ! prenons

« des feuilles, dit Camille, la feuille est verte aussi
« et attachons-nous-là en signe de cocarde. » Aussitôt on se jette sur les arbres du Palais-Royal, et
en quelques minutes ils sont entièrement dépouillés de leurs feuilles. Camille se met à la tête
des patriotes et crie *aux armes! aux armes!*
Chaque citoyen l'imite, l'agitation est à son comble. Tous se précipitent à grands flots par les portes du jardin. Bientôt le quartier du Palais-Royal
est encombré d'une foule innombrable. Des fenêtres de tous les étages on applaudit à ce mouvement insurrectionnel. Une heure après, la population de Paris semble être toute entière dans les
rues. Il était 6 heures et demie. Camille Desmoulins force les entrées de tous les théâtres et en
fait sortir les spectateurs qui se joignent aux patriotes. Le buste de Necker est porté en triomphe.
Les districts se rassemblent pendant la nuit. Le
lendemain, 13, la garde nationale est formée;
les boutiques des armuriers sont enfoncées; chaque citoyen se procure des armes, et le 14 au
matin Camille dirige le mouvement sur la Bastille. On en fait le siége, et après une vigoureuse
résistance de part et d'autre, elle est prise d'assaut.
Peu de temps après, elle est démolie et on voit
sur son emplacement ces mots devenus fameux:
Ici l'on danse.

Après la chûte de la Bastille, Camille Desmoulins continua de répandre des pamphlets et créa son journal des Révolutions de France et de Brabant. Malouet le dénonça plusieurs fois à l'assemblée.

Un jour il obtint qu'il fut traduit au Châtelet comme prévenu du crime de lèze-nation. Les amis de Camille prirent chaudement sa défense. Malouet, irrité de la résistance qu'il rencontrait : « Si quelqu'un, dit-il ose combattre sérieuse-« ment mon assertion, je vais le confondre sur « le-champ. » — « Je l'ose, moi » s'écrie alors Camille avec une voix de tonnerre. Aussitôt tous les yeux se tournent vers la tribune publique où il était placé; des vociférations se font entendre dans toutes les parties de la salle. Mille voix demandent son arrestation ou son expulsion. Maximilien Robespierre paraît alors à la tribune, prend sa défense et sauve un ami de collége que plus tard il envoya sans pitié à l'échafaud. Camille resta à sa place, ne fut point arrêté, et le décret lancé contre lui n'eut aucune suite.

En 1792, Camille Desmoulins, dont la popularité grandissait de jour en jour, fut nommé député à la convention par les électeurs du département de Paris, et après l'événement du 10 août, Danton, devenu ministre de la justice, se l'adjoignit comme sécretaire-général à son département.

L'année suivante, Camille eut encore l'occasion de montrer son courage dans le procès d'Arthur Dillon. Au mois de juillet 1793, le général Arthur Dillon, dégoûté, dit-on, des excès de l'anarchie, et persuadé que la France n'était pas assez avancée en civilisation pour vivre avec des institutions tout-à-fait républicaines, fut accusé de faire tous ses efforts pour donner à la patrie une monarchie constitutionnelle, et bientôt emprisonné aux Madelonnettes. Il écrivit (1) alors à Camille pour le prier de prendre sa défense. Il s'en chargea avec plaisir et ne craignit point d'attirer sur sa tête toute la haine du parti qui voulait la mort de Dillon. Il osa lui écrire à la prison et le défendre à la société des jacobins d'où on voulut l'expulser; mais, grâce à Robespierre, il ne fut point rayé du tableau.

(1) Nous avons conservé les lettres écrites alors par le général Arthur Dillon à Camille, et notamment celle imprimée en 1793 à la tête de la lettre de Camille à Dillon. Plusieurs passages qui attaquent le comité de sûreté générale n'ont pas été imprimés.

Au mois de mars 1794, la terreur était à l'ordre du jour; les proscriptions devenaient plus nombreuses et se trouvaient empreintes d'une espèce de férocité qu'on ne saurait se rappeler encore aujourd'hui sans frémir. Le comité de salut public et de sûreté générale dressait des échafauds sur tout le sol de France, et les patriotes purs, sincères, les pères, les fondateurs et les vétérans de la république, s'y rencontraient avec des prêtres et des nobles qui se remuaient sans cesse pour perdre notre malheureuse patrie. Camille-Desmoulins, que la nature avait doué d'une âme tendre et sensible, mais bouillante, ne peut supporter plus long-temps le joug de fer et de sang qui pèse sur son pays. Il reprend la plume de journaliste qu'il avait quittée depuis qu'il ne pouvait plus faire l'éloge de Robespierre; car il avait préféré ne plus écrire que d'attaquer un ami d'enfance. Il crée son journal, *le Vieux Cordelier*, et il y exhale toute l'horreur qu'il éprouve. Assez et trop de sang a coulé; il demande un comité de clémence et de justice. Il communique son projet à Robespierre, qui prodigue des éloges à son ancien ami de collége, l'encourage dans son entreprise, et corrige même avec lui les épreuves des premiers numéros du *Vieux Cordelier*.

Hébert, qui avait déjà dénoncé Camille à la société des jacobins et dans son journal, mais inutilement, ne perd pas courage; il le dénonce une seconde fois. Camille lui répond par le cinquième numéro du *Vieux Cordelier*, où il prouve de la manière la plus convaincante que son dénonciateur est un misérable qui s'est fait chasser, pour cause de vol, d'un théâtre où il était distributeur de contre-marques, et que maintenant encore il vole le trésor public. Hébert, plus acharné que jamais, le dénonce encore. Une commission est nommée pour faire un rapport à ce sujet. Collot d'Herbois, que la commission s'était choisi le 16 nivôse pour rapporteur, prend la parole et conclut à la censure pure et simple de Camille. Ce dernier demande la permission de donner lecture de son numéro 5, où il retraçait les turpitudes de la vie d'Hébert. Mais le dénonciateur de Camille, qui craint l'effet terrible que pourrait produire la lecture de ce numéro sur les membres de l'assemblée, s'écrie : « Camille Desmoulins, dans ce nu-
« méro, a eu l'audace de dire que j'étais un bri-
« gand, que je volais la Trésorerie : c'est une
« fausseté atroce. — Tu es bien impudent, lui ré-
« pond Camille; sache donc que j'en ai les preuves
« en main. » Ces mots causent une grande rumeur.

La suite de la discussion est remise pour le 18. Le 18 Robespierre prend la parole : « Les écrits de
« Camille sont condamnables sans doute, dit-il,
« mais cependant il faut distinguer sa personne
« de ses écrits. Camille est un enfant gâté qui
« avait d'heureuses dispositions, mais que les
« mauvaises compagnies ont égaré. Il faut sévir
« contre ses numéros que Brissot lui-même n'eut
« osé avouer et le conserver au milieu de nous. Je
« demande pour l'exemple que les numéros soient
« brûlés dans la société. »

Brûler n'est pas répondre, s'écrie Camille avec impétuosité. Robespierre, embarrassé par une réponse aussi forte que laconique, reste muet quelques secondes et s'écrie enfin : « Eh bien ! qu'on
« ne brûle pas, mais qu'on réponde ; qu'on lise
« sur-le-champ les numéros de Camille. Puisqu'il
« le veut, qu'il soit couvert d'ignominie ; que la
« société ne retienne pas son indignation, puis-
« qu'il s'obstine à soutenir ses diatribes et ses
« principes dangereux. L'homme qui tient aussi
« fortement à des écrits perfides est peut-être
« plus qu'égaré. S'il eût été de bonne foi ; s'il
« eût écrit dans la simplicité de son cœur, il n'au-
« rait pas osé soutenir plus long-temps des ou-
« vrages proscrits par les patriotes et recherchés

« par les contre-révolutionnaires. Son courage
« n'est qu'emprunté; il décèle les hommes cachés
« sous la dictée desquels il écrit son journal; il
« décèle que Desmoulins est l'organe d'une fac-
« tion scélérate qui a emprunté sa plume pour
« distiller son poison avec plus d'audace et de
« sûreté. »

Quelle hypocrisie! quelle trahison! Robespierre a encouragé Camille à écrire son journal du *Vieux Cordelier*, il a même corrigé les épreuves des premiers numéros, et il déclare criminels et infâmes ceux qui ont coopéré à sa publication.

Camille veut lui répondre, mille voix s'y opposent. On lit les numéros de son *Vieux Cordelier* pendant deux séances entières, et il est assez heureux pour ne pas être chassé de la société.

Saint-Just se joint bientôt à Robespierre pour perdre Camille; Saint-Just qu'une plaisanterie mordante (1) avait rendu son implacable ennemi. Ils concertent ensemble le moyen de le perdre et de se débarrasser au plus vite d'un censeur in-

---

(1) Camille, dans une lettre à Dillon, avait dit : « On voit dans la démarche de Saint-Just et son maintien, qu'il regarde sa tête comme la pierre angulaire de la république et qu'il la porte sur ses épaules avec respect et comme un saint-sacrement. »

commode. Saint-Just, outre la haine personnelle qu'il portait à Camille, se flattait de se voir bientôt le second personnage de la république, car Danton devait aussi tomber.

Robespierre, Camille Desmoulins et Danton avaient espéré pouvoir ramener le règne de la modération et de la justice; Ils réunissaient tous leurs efforts pour arriver à cet heureux résultat. Mais bientôt ils furent accusés de modérantisme. Camille et Danton poursuivirent toujours, au milieu des dangers qui les entouraient de toutes parts, sentant ce projet d'humanité. Robespierre sentant, surtout après la séance des Jacobins, où Camille lui avait répondu que *brûler n'était pas répondre*, qu'il lui était impossible de réussir, quitta la ligne de modération qu'il s'était tracée, et, pour se réhabiliter dans l'opinion publique, revint au régime de terreur. Il avait besoin pour cela de frapper des coups hardis; il choisit pour victimes Camille-Desmoulins et Danton, et leur adjoignit des faussaires et des étrangers qui devaient servir de matériaux à leur acte d'accusation. Des bruits sinistres furent répandus à dessein par Robespierre sur l'arrestation des chefs du parti modéré. Il voulait par là préparer les esprits à ce qui allait arriver.

XVIII

Brune, effrayé du danger que courait Camille, son ancien ami de collége, vint le trouver et le supplia, par l'intérêt que lui portaient les vrais républicains, par l'amour de ses parens, par la tendresse de son épouse, de ne pas irriter davantage les ennemis que lui avait fait son esprit satirique et mordant, de montrer plus de modération dans le tableau qu'il faisait du malheur des temps, et même de cesser la publication de son *Vieux Cordelier*. Camille, qui n'avait d'abord répondu que par des plaisanteries, commença à justifier sa conduite aussi belle que courageuse par des raisons auxquelles il n'était guère facile de répondre. « Je te l'avoue, lui dit Brune,
« je ne saurais m'empêcher de t'admirer; cepen-
« dant sois certain qu'avec plus de modération
« tu feras un bien véritable, tandis qu'en conti-
« nuant tu te livres, tu t'immoles, tu te perds
« et tu ne sauves rien. — Crois-tu, lui répon-
« dit-il alors, qu'ils oseront m'attaquer, me dé-
« clarer traître, moi et mon *Vieux Cordelier*,
« et cela pour avoir demandé un comité de clé-
« mence et de justice; pour avoir voulu achever
« et consolider l'œuvre de notre révolution? J'ai
« toute la France pour moi. Desenne (c'était le
« nom de son libraire) ne peut suffire à la vente

« de mes numéros. Je suis lû, entendu partout.
« — Tu es lû aussi de Barère qui se reconnaît;
« de Saint-Just, qui a promis de te faire porter la
« tête comme un saint Denis. — C'est vrai, ré-
« pondit-il, je me le rappelle : c'est une bien
« mauvaise plaisanterie, et ma réponse valait
« beaucoup mieux. As-tu vu ma lettre à Dillon?
« *Dans la démarche et le maintien de Saint-Just,*
« *on voit qu'il regarde sa tête comme la pierre*
« *angulaire de la république, et qu'il la porte*
« *sur ses épaules avec respect comme un saint-*
« *sacrement.* Me suis-je trompé, et crois-tu que
« pour une aussi bonne plaisanterie il voudrait
« me faire mourir? Je ne lui demande qu'une
« grâce, c'est d'attendre pour cela qu'il y ait fait
« une réponse qui vaille. » Madame Desmoulins
avait invité Brune à partager son déjeûner de famille, il fut servi et on se mit à table. Camille,
s'échauffant alors par degrés, lui développa le bel
avenir qu'il préparait à sa patrie. « Crois-moi, lui
« dit-il, je suis l'homme de la révolution. Quand
« il l'a fallu, j'ai exposé ma vie pour elle au Pa-
« lais-Royal. A cette époque-là on voulait aussi
« m'inquiéter, comme vous le faites aujourd'hui;
« mais la nation marchait avec moi, et j'étais tran-
« quille. Je suis sûr encore, avec mon *Vieux Cor-*

« *delier*, de la conduire sur mes pas, de répon-
« dre à ses vœux, à ses besoins; l'opinion publi-
« que sera encore ma force. — Si elle laisse à
« tes ennemis le temps de te frapper! — J'ai des
« amis tout prêts. N'avez-vous pas entendu la voix
« éloquente de Philippeaux (1)? Danton dort :
« c'est le sommeil du lion; mais il se réveillera
« pour défendre ma cause. »

Son ami était loin d'être convaincu et lui re-
nouvelait les mêmes prières; mais Lucille,
qui d'abord s'était montrée fort sensible aux
inquiétudes et aux craintes de Brune, partage
maintenant tout l'enthousiasme de Camille; elle
remarque que cet entretien l'a échauffé, aussitôt
elle lui passe un mouchoir sur le front; lui
donne un baiser sur la joue et s'écrie : « Laissez-
le faire, Brune, laissez-le faire, il doit sauver son
pays; laissez-le remplir sa mission. » Alors elle
verse à son époux et à Brune un chocolat exquis
avec une grâce enchanteresse. Le chocolat servi : *edamus et bibamus*, dit Camille, *cras
enim muriemur* (1); en prononçant ces paroles
de mort, il affectait un air de gaîté et tenait son

---

(1) Camille croyait alors à la sincérité du rapport que Philippeaux avait fait sur la Vendée.

(2) *Trad.* Mangeons et buvons; car nous mourrons demain.

enfant, son petit Horace sur ses genoux. Camille n'avait soutenu sa thèse qu'à cause de sa femme qu'il n'aurait pas voulu attrister pour tout au monde. Quel courage dans Camille! quelle tendresse!

Dans la nuit du 30 au 31 mars, Camille au moment où il se couchait entend à l'extérieur le bruit de la crosse d'un fusil qui tombe sur le pavé. « On vient m'arrêter, s'écrie-t-il, et il se jette dans les bras de sa chère Lucile qui le presse de toutes ses forces contre son sein; hélas! c'était pour la dernière fois! Il court embrasser son petit Horace qui dormait dans son berceau, tâche de consoler son épouse qui fond en larmes, et va lui-même ouvrir la porte aux satellites de Robespierre, qui l'arrêtent et le conduisent à la prison du Luxembourg. A son arrivée les prisonniers accourrent en foule au guichet pour voir cet intéressant Camille, qui par ses écrits courageux, avait jeté quelques lueurs d'espérance au fond de leurs cachots.

Le lendemain, c'est-à-dire le 10 germinal (31 mars), Legendre annonce à la Convention l'arrestation de quatre de ses membres et feint d'ignorer leur nom, excepté celui de Danton; il prend la défense de ce dernier et demande qu'il

soit entendu à la barre, persuadé que la faculté de parler à la Convention serait pour les malheureux prisonniers un moyen sûr de se sauver et de démasquer toute la trame de leurs adversaires; mais Robespierre qui sent très bien qu'il ne serait pas ménagé et par Camille et par Danton, Robespierre qui voudrait déjà voir monter à l'échafaud ceux qu'il vient de jeter dans des cachots, se précipite à la tribune, s'oppose de toutes ses forces à cette motion, et finit par dire d'un ton colère et menaçant : « Quiconque trem-
« ble en ce moment est coupable, les complices
« seuls peuvent plaider la cause des traîtres. »

Les membres de l'assemblée glacés d'effroi et tremblans pour eux-mêmes veulent prouver qu'ils n'ont point peur et appuient avec force le discours de Robespierre. Aucune voix ne se fait entendre en faveur des malheureux prisonniers; Legendre a même la lâcheté de venir s'excuser à la tribune d'avoir pris leur défense; il est décidé à l'unanimité que les quatre députés arrêtés ne seront pas entendus à la barre de la Convention. En ce moment arrive Saint-Just, qui fait un long rapport dans lequel il demande que Camille Desmoulins, que Danton, que Philippeaux, etc., soient décrétés d'accusation comme coupables d'avoir conspiré contre la république. Le décret demandé par Saint-Just est voté à l'unanimité.

Camille, le lendemain de son arrestation, écrivit une première lettre à son épouse pour la consoler (1) : un des amis de Camille porta cette lettre à Lucille ; elle la lut en sanglottant, et comme il cherchait à la consoler : « C'est inutile, dit-elle, je pleure comme une femme, parce que Camille souffre, parce que sans doute ils le laissent manquer de tout ; parce qu'il ne nous voit pas.... Mais j'aurai le courage d'un homme, je le sauverai.... Que faut-il faire ? lequel de ses juges faut-il que je supplie ? lequel faut-il que j'attaque ouvertement ? voulez-vous me conduire chez Philippeaux ? — Il est également arrêté, sans doute. — La patrie n'a donc plus de défenseurs.... je vais chez Danton.... — Le même décret l'unit à votre époux. — Pourquoi m'ont-ils laissée libre, moi ? Croient-ils que parce que je ne suis qu'une femme je n'oserai élever la voix ?.... Ont-ils compté sur mon silence ?.... — J'irai aux Jacobins.... j'irai chez Robespierre.... »

Madame Duplessis (1) et l'ami de Camille la

(1) La copie de cette lettre se trouve à la fin du *Vieux Cordelier*.

(2) Mère de Lucille.

retinrent et l'engagèrent à ne pas faire de démarches inconsidérées qui pourraient la perdre et son époux aussi ; enfin elle consentit à rester tranquille ; mais elle voulut écrire à Robespierre pour le prier de sauver son mari, la lettre resta inachevée et ne fut point envoyée (1).

Le lendemain, 12 germinal, on envoya aux accusés leur acte d'accusation. Camille, après l'avoir reçu, se promena à grands pas dans la chambre et devint furieux en lisant le tissu d'absurdités, de calomnies et de mensonges infâmes qu'on avait fabriqué pour le perdre; bientôt cependant il se calma, et dit en se rendant à la Conciergerie où on le transporta aussitôt : « Je vais « à l'échafaud pour avoir versé quelques larmes sur « des milliers de malheureux et d'innocens ; mon « seul regret en mourant est de n'avoir pu les « servir. » A son arrivée à la Conciergerie tous les détenus, sans distinction de rangs et d'opinions, accoururent au devant de lui, l'entourèrent et ne purent s'empêcher de lui témoigner hautement tout l'intérêt qu'il leur inspirait.

Le jour suivant, 13 germinal, les accusés, au nombre de 14, parmi lesquels se trouvaient Cha-

---

(1) Voyez cette lettre à la fin du *Vieux Cordelier*.

bot, Bazire, Fabre d'Églantine, Lacroix, Danton, Hérault de Séchelles, Philippeaux, parurent devant leurs juges. La loi voulait que les jurés fussent tirés au sort; mais Fouquier-Tinville et le président Hermann, dont les noms sont à jamais voués à l'exécration du genre humain, firent leur choix, c'est-à-dire, prirent les jurés qu'ils appelaient *les Solides*. On passa ensuite à l'interrogatoire de Danton, puis à celui de Camille. Quand on demanda à ce dernier quel âge il avait, il répondit : « 33 ans, l'âge du sans-culotte Jésus. » Que de pensées font naître cette réponse! Jésus pour avoir prononcé le mot de liberté, d'égalité, d'humanité au milieu de la barbarie et de l'esclavage est attaché tout vivant à un poteau, et Camille monte à l'échafaud pour avoir prononcé le mot de clémence et de justice dans un moment où des flots de sang coulaient sur toute la France. Il voulut entreprendre sa défense et se plaindre hautement d'avoir été confondu avec des faussaires; on ne fit aucune attention à ses plaintes. Fouquier-Tinville commença la lecture du *Vieux Cordelier* et donna à ce journal une interprétation contre laquelle se révolta vainement son auteur. La salle d'audience était pleine. Une foule immense et agitée entourait le palais de justice et s'étendait jusqu'aux quais. Après l'audience, le président Hermann et l'accusateur public Fouquier-Tinville se rendent au comité de salut public. Il n'y avait que St.-Just et Billaud de Varennes. Ils leur annoncent que les accusés ont demandé que des membres de la Convention fussent entendus. Saint-Just donne ordre à Fouquier-Tinville d'éluder toujours cette demande des accusés, de prolonger les débats, d'arriver à la fin des trois jours sans s'expliquer, et faire déclarer par les jurés après ce délai, conformément à la loi, qu'ils étaient suffisamment instruits.

Camille de retour à sa prison termina une lettre divine où se trouve peinte toute sa tendresse pour sa Lucille, et qu'on ne saurait lire sans donner quelques larmes à son auteur (1).

Le 14 germinal (3 avril), l'affluence est la même au tribunal et autour du Palais de Justice. Danton et Camille demandent la comparution de plusieurs membres des deux comités et de la Convention. Fouquier-Tinville ne fait d'abord qu'une réponse équivoque; mais les accusés le pressent de répondre catégoriquement. Alors il déclare qu'il appellera tous ceux qu'ils désigneront excepté

---

(1) La copie de cette lettre se trouve à la fin du *Vieux Cordelier*.

les membres de la Convention; « car, dit-il, c'est à la Convention seule qu'il appartient de décider si quelques-uns de ses membres doivent être cités. » Les accusés se récrient contre les paroles de Fouquier, et disent qu'on a résolu de les juger sans les entendre. Le tumulte est à son comble. Le président lève la séance. Fouquier écrit au comité tout ce qui vient de se passer à l'audience et demande ce qu'il doit faire.

Le lendemain, c'est-à-dire le 4 avril, Saint-Just, informé par Fouquier de ce qui s'était passé la veille au tribunal révolutionnaire, se rend à la Convention et annonce que les accusés sont en pleine révolte, qu'on a été obligé la veille de suspendre les débats de la justice et que les prisons conspirent en leur faveur. Il propose en conséquence de décréter que tout prévenu de conspiration qui résistera ou insultera à la justice sera mis hors des débats sur-le-champ. Ce décret est adopté à l'unanimité. Une copie du décret est expédiée sur-le-champ. Vouland part de la Convention pour la porter au tribunal. La troisième séance était commencée. Les accusés renouvelaient les demandes de la veille et on ne leur donnait que des réponses évasives. Indignés d'une pareille conduite à leur égard, ils se lèvent tous en masse, pressent Fouquier-Tinville de faire comparaître les membres de la Convention et du comité qu'ils ont désignés, déclarent qu'ils ont des dénonciations à faire contre le projet de dictature qui se manifeste chez les comités et veulent que la Convention nomme une commission pour les recevoir. Fouquier-Tinville ne sait plus que leur répondre, il est dans le plus grand embarras. Alors Vouland arrive avec l'expédition du décret que vient de rendre la Convention. Il le donne à Fouquier-Tinville en lui disant : « Nous les tenons, « les scélérats, voilà de quoi nous en débarras- « ser. » Fouquier-Tinville ne se sent plus de joie et donne sur-le-champ lecture de ce décret. Camille en entendant parler de sa femme que l'on accusait d'avoir reçu de l'argent pour exciter une sédition, s'écrie : « Les scélérats ! non « contens de m'égorger, moi, ils veulent égorger « ma femme. » La continuation des débats est remise au lendemain.

Le lendemain 5 avril les accusés demandent à continuer leurs défenses. On leur oppose le décret qui portait que le jury une fois suffisamment instruit devait procéder à la délibération. Ils s'écrient tous : « Quelle infamie ! on nous juge sans nous « entendre ! la délibération est inutile ; qu'on nous

« mène à l'échafaud; nous avons assez vécu pour
« la gloire. » Camille est en fureur; il déclare aux
juges qu'ils sont des bourreaux, des assassins. Danton leur jette des boulettes de pain; Camille
déchire son acte d'accusation et en lance les morceaux à la tête de Fouquier-Tinville. L'agitation est à son comble. On fait sortir les accusés.
Les jurés se retirent, et après quelques minutes,
on voit arriver leur président Trinchard tout
rayonnant d'une joie féroce et sanguinaire. Il se
grandit tout glorieux et prononce un arrêt de
mort contre tous les accusés. Le tribunal, qui craint
de voir se renouveler la même scène qui vient de
se passer, ne veut pas laisser rentrer les accusés
pour entendre leur jugement. Un greffier sort
pour leur faire connaître leur arrêt de mort. Ils
ne lui laissent pas achever la lecture du jugement:
« C'est assez lui disent-ils, qu'on nous conduise
« à la guillotine. » Camille versa quelques larmes
sur le sort de sa femme et de son Horace. « Que
« vont-ils devenir? répétait-il sans cesse, mon bon
« Loulou! mon Horace! ma pauvre Daronne! » (1)
Conduit à la Conciergerie, il lut quelques pages
des *Nuits d'Young* et des *Méditations d'Hervey*.

(1) Camille appelait ainsi madame Duplessis, sa belle-mère.

L'orsqu'on vint le garotter pour aller à l'échafaud, il criait en écumant de rage : « Faut-il que je sois « dupe de Robespierre ! » A 4 heures après-midi, les condamnés au nombre de 14 montèrent dans la fatale charrette qui allait porter leur tête au bourreau. Dans le trajet, Camille s'écriait sans cesse : « Peuple ! pauvre peuple ! on te trompe ! on « te trompe ! On immole tes soutiens, tes meil- « leurs défenseurs ! » La troupe exécrable que l'on payait alors pour suivre les charrettes ne lui répondait que par des injures grossières. Son action violente avait mis ses habits en lambeaux, il était presque nu lorsqu'il arriva à la guillotine. Cependant il ne cessait de crier encore : « Peuple ! « pauvre peuple ! on te trompe ! » Danton promenant alors un regard calme et plein de mépris sur cette troupe immonde qui les entourait, dit à Camille : « Reste donc tranquille et laisse là cette « vile canaille. » En montant à l'échafaud, Camille veut embrasser une dernière fois son ami Danton. Le bourreau s'y oppose fortement et les force de monter. « Tu es donc plus cruel que la « mort, s'écrie alors Camille, car la mort n'em- « pêchera pas nos têtes de se baiser tout-à-l'heure « dans le fond du panier. » Puis jetant les yeux sur le couteau tout fumant du sang des victimes

qui viennent d'être immolées : « Voilà donc, dit-
« il, la récompense destinée au premier apôtre
« de la liberté. Les monstres qui m'assassinent ne
« me survivront pas long-temps. » Il s'avance à son
tour et subit la mort avec beaucoup de courage.

Au moment où la machine fatale le frappait,
il tenait encore dans sa main des cheveux de sa
Lucille qui devait bientôt le rejoindre. Accusée
par Saint-Just d'avoir touché 3,000 francs, pour
faire ouvrir les prisons encombrées de suspects et
massacrer le tribunal révolutionnaire, elle fut
amenée le 13 avril devant ses juges. Elle ne répondit que quelques mots à l'accusation absurde
que l'on faisait peser sur elle. Après avoir entendu
son jugement elle s'écria : « Répandre le sang
« d'une femme !......... les lâches !....... mais savez-
« vous bien que le sang d'une femme a toujours
« été fatal aux tyrans ? Savez-vous bien que le
« sang d'une femme a chassé de Rome pour tou-
« jours les Tarquins et les Décemvirs ? Réjouis-
« toi, ô ma patrie ! et reçois avec transport ce
« présage de ton salut, de ton bonheur. La tyran-
« nie qui pèse sur toi va finir. »

Retournée à sa prison, elle fit ses adieux à
madame Duplessis, sa mère. Nous avons conservé la
lettre qui les contient ; je ne saurais m'empêcher

d'en donner la copie. « Bon soir, ma chère ma-
« man, une larme s'échappe de mes yeux, elle
« est pour toi. Je vais m'endormir dans le calme
« de l'innocence. Signé LUCILLE. » Un moment
après avoir fait cette lettre, elle monta à l'échafaud
et y montra un courage héroïque.

Au mois de septembre suivant, il y eut à la
Convention une discussion très vive au sujet de
la mort de Camille. Tous ses membres se la re-
prochaient mutuellement et ils convenaient tous
que c'était un martyr de la liberté de son pays. Il
ne laissa qu'un fils qui fit ses études au collége
de Louis-le-Grand, à Paris, comme élève de l'état.
Il en sortit pour commencer son droit. Après
l'avoir terminé, les événemens de 1815 survinrent,
et il se réfugia en Amérique, où il mourut bientôt
de chagrin. Il n'a jamais quitté le deuil de son
père et de sa mère. Il avait résolu de le porter
toute sa vie.

Il existe encore maintenant une sœur de Camille-Desmoulins. Elle a perdu toute sa fortune
et se trouverait réduite en ce moment à mendier
son pain, si une de mes tantes, madame de Tail-
lant, ne lui donnait l'hospitalité dans son château de
Wiége. Le roi informé naguère de la détresse où
elle se trouvait, s'empressa de lui faire parvenir

une somme de 200 francs pour subvenir à ses premiers besoins. Je dois dire aussi que nous avons appris avec bien du plaisir que le roi, fidèle à son origine démocratique et révolutionnaire, conservait dans ses appartemens un tableau représentant Camille excitant le peuple à la révolte dans la journée du 12 juillet 1789.

Camille-Desmoulins n'était pas, comme on l'a dit et répété tant de fois, un furieux démagogue; à la vérité, le plaisir que lui causait notre régénération politique l'avait rendu enthousiaste; mais que cet enthousiasme est louable, c'est celui d'un bon Français, qui, loin d'un lâche et sordide égoïsme, ne vit que du bonheur de ses concitoyens. La république était le seul mobile de toutes ses actions, c'était un centre auquel il rapportait tout; il avait une telle horreur pour les contre-révolutionnaires et les traîtres, qu'il les aurait volontiers dénoncés à toutes la terre; mais il n'a jamais demandé la mort de personne. Lorsqu'il vit des échafauds se dresser sur toute la France, il voulut rétablir l'ordre, rendre à la Convention son indépendance, arrêter l'action du tribunal révolutionnaire, vider les prisons des suspects qui les remplissaient, et organiser un comité de clémence et de justice, persuadé que c'était le seul moyen de rendre la paix à son pays et d'abattre pour toujours la tyrannie odieuse et sanguinaire qui le désolait. Dans un moment où un mot, un seul mot inconsidéré conduisait à l'échafaud, il eut l'audace d'attaquer ouvertement le comité dominateur et de tracer, sous le voile de l'histoire des règnes de Tibère et de Néron, un tableau fidèle de la tyrannie du jour. Le moment n'était pas encore venu où des flots de sang français devaient enfin cesser de couler ; il périt victime de son amour pour la liberté, qui avait été l'idole de toute sa vie.

Dans les courts momens où Camille ne s'occupait plus de liberté et de patrie, il était tout entier à cette tendresse domestique, à ces liens de famille si doux, si chers au cœur de l'homme. Il avait épousé une femme divine par ses vertus et ses talens, qu'il avait recherchée dix années entières et dont il était adoré. (Voyez à la fin du *Vieux Cordelier* une lettre de Camille à son père, dans laquelle il lui apprend son mariage.)

Pendant les trois années qu'ils vécurent ensemble, ils furent aussi heureux qu'on peut l'être sur la terre; car est-il un bonheur plus pur, plus élevé, plus vrai, que celui d'aimer et d'être aimé?

Matton aîné,
parent de Camille Desmoulins.

LE VIEUX CORDELIER.

LE VIEUX CORDELIER,

JOURNAL RÉDIGÉ

Par Camille-Desmoulins,

DÉPUTÉ A LA CONVENTION, ET DOYEN DES JACOBINS,

―――――――――――――――――――――

VIVRE LIBRE OU MOURIR!

I.

Quintidi frimaire, 2ᵉ décade, l'an II de la république, une et indivisible.

―――

> Dès que ceux qui gouvernent seront haïs, leurs concurrens ne tarderont pas à être admirés.
> (MACHIAVEL).

O Pitt! je rends hommage à ton génie! Quels nouveaux débarqués de France en Angleterre t'ont donné de si bons conseils, et des moyens si sûrs de perdre ma patrie? Tu as vu que tu échouerais éternellement contre elle, si tu ne l'attachais à perdre, dans l'opinion publique, ceux qui, depuis cinq ans, ont déjoué tous les projets. Tu as compris que ce sont ceux qui t'ont toujours vaincu qu'il fallait vaincre; qu'il fallait faire accuser de corruption précisément ceux que tu n'avais pu corrompre, et d'attiédissement ceux que tu n'avais pu attiédir. Avec quels succès, depuis la mort de Marat, tu as poussé les travaux du siége de leur réputation, contre ses amis, ses preux compagnons d'armes, et le navire Argo des vieux Cordeliers!

C'est hier surtout, à la séance des Jacobins, que j'ai vu tes progrès avec effroi, et que j'ai senti toute ta force, même au milieu de nous. J'ai vu, dans ce berceau de la liberté, un Hercule près d'être étouffé par tes serpens tricolores. Enfin, les bons citoyens, les vétérans de la révolution, ceux qui en ont fait les cinq campagnes, depuis 1789, ces vieux amis de la liberté, qui, depuis le 12 juillet, ont marché entre les poignards et les poisons des aristocrates et des tyrans, les fondateurs de la république, en un mot, ont vaincu. Mais que cette victoire même leur laisse de douleur, en pensant qu'elle a pu être disputée si long-temps dans les Jacobins! La victoire nous est restée, parce qu'au milieu de tant de ruines de réputations, colossales de civisme, celle de Robespierre est debout ; parce qu'il a donné la main à son émule de patriotisme, notre président perpétuel des anciens Cordeliers, notre Horatius Coclès, qui, seul, avait soutenu sur le pont tout l'effort de Lafayette et de ses quatre mille Parisiens assiégeant Marat, et qui semblait maintenant terrassé par le parti de l'étranger. Déjà fort du terrain gagné pendant la maladie et l'absence de Danton, ce parti, dominateur insolent dans la société, au milieu des endroits les plus touchans, les plus convaincans de sa justification, dans les tribunes, huait, et dans le sein de l'assemblée, secouait la tête et souriait de pitié, comme aux discours d'un homme condamné par tous les suffrages. Nous avons vaincu cependant, parce qu'après le discours foudroyant de Robespierre, dont il semble que le talent grandisse avec les dangers de la république, et l'impression profonde qu'il avait laissé dans les âmes, il était impossible d'oser élever la voix contre Danton, sans donner, pour ainsi dire, une quittance publique des guinées de Pitt. Robespierre, les oisifs que la curiosité avait amenés hier à la séance des Jacobins, et qui ne cherchaient qu'un orateur et un spectacle, en sont sortis ne regrettant plus ces grands acteurs de la tribune, Barnave et Mirabeau, dont tu fais oublier souvent le talent de la parole. Mais la seule louange digne de ton cœur est celle que t'ont donnée tous les vieux Cordeliers, ces glorieux confesseurs de la liberté, décrétés par le Châtelet et par le tribunal du sixième arrondissement, et fusillés au Champ-de-Mars. Dans tous les autres dangers dont tu as délivré la république, tu avais des compagnons de gloire ; hier, tu l'as sauvée seul.

Le Nocher, dans son art, s'instruit pendant l'orage.

Je me suis instruit hier ; j'ai vu le nombre de nos ennemis ; leur multitude m'arrache de l'hôtel des Invalides et me ramène au combat. Il faut écrire, il faut quitter le crayon lent de l'histoire de la révolution, que je traçais au coin du feu, pour reprendre la plume rapide et haletante du journaliste, et suivre, à bride abattue, le torrent révolutionnaire. Député consultant, que personne ne consultait plus depuis le 3 juin, je sors de mon cabinet et de ma chaise à bras, où j'ai eu tout le loisir de suivre, par le menu, le nouveau système de nos ennemis, dont Robespierre ne vous a présenté que les masses, et que ses occupations au comité de salut public ne lui ont pas permis d'embrasser, comme moi, dans son entier. Je sens de nouveau ce que je disais il y a un an, combien j'ai eu tort de quitter la plume périodique, et de laisser le temps à l'intrigue de frelater l'opinion des départemens et de corrompre cette mer immense par une foule de journaux, comme par autant de fleuves qui y portaient sans cesse des eaux empoisonnées. Nous n'avons plus de journal qui dise la vérité, du moins toute la vérité. Je rentre dans l'arène avec toute la franchise et le courage qu'on me connaît.

Nous nous moquions, il y a un an, avec grande raison, de la prétendue liberté des Anglais, qui n'ont pas la liberté indéfinie de la presse; et cependant quel homme de bonne foi osera comparer aujourd'hui la France à l'Angleterre, pour la liberté de la presse? Voyez avec quelle hardiesse le *Morning Chronicle* attaque Pitt et les opérations de la guerre! Quel est le journaliste, en France, qui osât relever les bévues de nos comités, et des généraux, et des Jacobins, et des ministres, et de la commune, comme l'opposition relève celle du ministère britannique? Et moi, Français, moi, Camille-Desmoulins, je ne serais pas aussi libre qu'un journaliste anglais! Je m'indigne à cette idée. Qu'on ne dise pas que nous sommes en révolution, et qu'il faut suspendre la liberté de la presse pendant la révolution. Est-ce que l'Angleterre, est-ce que toute l'Europe n'est pas aussi en état de révolution? Les principes de la liberté de la presse sont-ils moins sacrés à Paris qu'à Londres, où Pitt doit avoir une si grande peur de la lumière? Je l'ai dit, il y a cinq ans, ce sont les fripons qui craignent les réverbères. Est-ce que, lorsque, d'une part, la servitude et la vénalité tiendront la plume, et de l'autre, la liberté et la vertu, il peut y avoir le moindre danger que le peuple, juge dans ce combat, puisse passer du côté de l'esclavage? Quelle injure ce serait faire à la raison humaine, que de l'appréhender! Est-ce que la raison peut craindre le duel de la sottise? Je le répète, il n'y a que les contre-révolutionnaires, il n'y a que les traîtres, il n'y a que Pitt, qui puissent avoir intérêt à défendre, en France, la liberté même indéfinie de la presse; et la liberté, la vérité, ne peuvent jamais craindre l'écritoire de la servitude et du mensonge.

Je sais que, dans le maniement des grandes affaires, il est permis de s'écarter des règles austères de la morale; cela est triste, mais inévitable.

Les besoins de l'état et la perversité du cœur humain, rendent une telle conduite nécessaire, et ont fait de sa nécessité la première maxime de la politique. Si un homme en place s'avisait de dire tout ce qu'il pense, tout ce qu'il sait, il exposerait son pays à une perte certaine. Que les bons citoyens ne craignent donc point les écarts et l'intempérance de ma plume. J'ai la main pleine de vérités et je me garderai bien de l'ouvrir en entier; mais j'en laisserai échapper assez pour sauver la France et la république, une et indivisible.

Mes collègues ont tous été si occupés et emportés par le tourbillon des affaires, les uns dans des comités, les autres dans des missions, que le temps leur a manqué pour lire, je dirai presque pour méditer. Moi qui n'ai été d'aucune mission, d'aucun comité où l'on eût quelque chose à faire; qui, au milieu de cette surcharge de travaux de tous mes collègues montagnards, pour l'affermissement de la république, ai composé, presque à moi seul (qu'ils me passent l'expression), leur comité de lecteurs et de penseurs, me sera-t-il permis, au bout d'un an, de leur présenter le rapport de ce comité, de leur offrir les leçons de l'histoire, le seul maître, quoiqu'on en dise, de l'art de gouverner, et de leur donner les conseils que leur donneraient Tacite et Machiavel, les plus grands politiques qui aient jamais existé ?

LE VIEUX CORDELIER.

LE VIEUX CORDELIER,

JOURNAL RÉDIGÉ

Par Camille-Desmoulins,

DÉPUTÉ A LA CONVENTION, ET DOYEN DES JACOBINS,

VIVRE LIBRE OU MOURIR!

II.

Décadi 20 frimaire, l'an II de la république, une et indivisible.

Dès que ceux qui gouvernent seront haïs, leurs concurrens ne tarderont pas à être admirés.
(MACHIAVEL).

On me reprochait sans cesse mon silence, et peu s'en fallait qu'on ne m'en fît un crime. Mais si c'est mon opinion et non des flagorneries qu'on me demande, à quoi eût-il servi de parler, pour dire à un si grand nombre de personnes : Vous êtes des insensés ou des contre-révolutionnaires, de me faire ainsi deux ennemis irréconciliables, l'amour-propre piqué et la perfidie dévoilée, et de les déchaîner contre moi en pure perte, et sans profit pour la république; car les insensés ne m'auraient pas cru et je n'aurais pas changé les traîtres? La vérité a son point de maturité, et elle était encore trop verte. Cependant je suis honteux d'être si long-temps poltron. Le silence de la circonspection peut commander aux autres citoyens, ses devoirs le défendent à un représentant. Soldat rangé en bataille, avec mes collégues, autour de la tribune, pour dire sans crainte ce que je crois le plus utile au peuple français, me taire serait déserter. Aussi bien ce que j'ai fait, ce que j'ai écrit depuis cinq ans, pour la révolution; mon amour inné pour le gouvernement républicain, seule constitution qui convienne à quiconque n'est pas indigne du nom d'homme; deux frères, les seuls que j'avais, tués en combattant pour la liberté, l'un au siége de Maëstricht, et l'autre dans la Vendée, et ce dernier, coupé en morceaux, par la haine que les royalistes et les prêtres portent à mon nom, tant de titres à la confiance des patriotes écartent de moi tout soupçon; et quand je vais visiter les plaies de l'état, je ne crains point que l'on confonde avec le stylet de l'assassin la sonde du chirurgien.

Dès le premier mois de notre session, il y a

plus d'un an, j'avais bien reconnu quel serait désormais le plus grand danger, disons mieux, le seul danger de la république; et je m'exprimais, dans un discours distribué à la Convention, contre son décret du 27 octobre, rendu sur la motion de Gensonné, qui excluait les membres de toutes les fonctions publiques pendant six ans, piége grossier des Girondins. Il ne reste plus à nos ennemis d'autre ressource que celle dont usa le sénat de Rome, quand, voyant le peu de succès de toutes ses batteries contre les Gracques, il s'avisa, dit Saint-Réal, de cet expédient pour perdre les patriotes : ce fut d'engager un tribun d'enchérir sur tout ce que proposerait Gracchus, et à mesure que celui-ci ferait quelque motion populaire, de tâcher d'en faire une bien plus populaire encore, et de tuer ainsi les principes et le patriotisme par les principes et le patriotisme, poussés jusqu'à l'extravagance. Le Jacobin Gracchus proposait-il le repeuplement et le partage de deux ou trois villes conquises, le ci-devant Feuillant Drusus proposait d'en partager douze. Gracchus mettait-il le pain à 16 sous, Drusus mettait à 8 le *maximum*. Ce qui lui réussit si bien, que, dans peu, le *forum* trouvant que Gracchus n'était plus à la hauteur, et que c'était Drusus qui allait au pas, se refroidirent pour leur véritable défenseur qui, une fois dépopularisé, fut assommé d'un coup de chaise par l'aristocrate Scipion Nasica, dans la première insurrection morale.

J'étais tellement convaincu que ce n'est que de ce côté qu'on pourrait entamer les patriotes et la république, qu'un jour, me trouvant au comité de défense générale, au milieu de tous les docteurs brissotins et girondins, au moment de la plus grande déflagration de leur colère contre Marat, et feignant de croire à leur amour pour la liberté : « Vous direz tout ce qu'il vous plaira, interrompis-je; Marat, contre qui vous demandez un décret d'accusation, est peut-être le seul homme qui puisse sauver la république, d'un côté dont personne ne se doute, et qui est cependant la seule brèche praticable pour la contre-révolution. » A ce mot de brèche praticable pour la contre-révolution, vous eussiez vu Guadet, Brissot, Gensonné, qui d'ailleurs affectaient beaucoup de mépris pour mes opinions politiques, montrer, en croisant les bras tous à la fois, qu'ils renonçaient à la parole qu'auparavant ils s'étaient disputée, pour apprendre quel était ce côté faible de la place où Marat était notre seul retranchement, et me dire avec empressement de m'expliquer. Il était une heure ou deux. Le comité de défense générale était garni en ce moment d'un assez grand nombre de députés, et je ne doute pas qu'il ne se trouve de mes collègues qui se rappellent très bien cette conversation :

« Il n'y a qu'à rire de vos efforts, leur dis-je, contre la montagne, tant que vous nous attaquerez par le marais et le côté droit. On ne peut nous prendre que par les hauteurs et en s'emparant du sommet comme d'une redoute ; c'est-à-dire en captant les suffrages d'une multitude imprudente, inconstante, par des motions plus populaires encore que celles des vieux Cordeliers, en suscitant des patriotes plus chauds que nous, et de plus grands prophètes que Marat. Pitt commence à s'en douter, et je le soupçonne de nous avoir envoyé à la barre ces deux députations qui vinrent dernièrement avec des pétitions telles, que nous-mêmes, de la cîme de la montagne, paraissions tous des modérés, en comparaison. Ces pétitions, l'une, je crois, des boulangers, et l'autre de je ne me souviens pas quelle section, avaient d'abord été extrêmement applaudies des tribunes. Heureusement nous avons Marat qui, par sa vie souterraine et ses travaux infatigables, est regardé comme le maximum du patriotisme, et a cette possession d'état si bien établie, qu'il semblera toujours au peuple, qu'au-delà de ce que propose Marat, il ne peut y avoir que délire et extravagances, et qu'au-delà de ses motions il faut écrire comme les géographes de l'antiquité, à l'extrémité de leurs cartes : Là il n'y a plus de cités, plus d'habitations; il n'y a que des déserts et des sauvages, des glaces ou des volcans. Aussi, dans ces deux occasions, Marat, qui ne manque point de génie en politique, et qui a vu d'abord où tendaient ces pétitions, s'est-il empressé de les combattre; et il n'a eu besoin que de quelques mots, et presque d'un signe de tête, pour faire retirer aux tribunes leurs applaudissemens. Voilà, concluais-je, le service immense que lui seul, peut-être, est en mesure de rendre à la république. Il empêchera toujours que la contre-révolution ne se fasse en bonnets rouges, et c'est la seule manière possible de la faire. »

Aussi, depuis la mort de ce patriote éclairé et à grand caractére, que j'osais appeler, il y a trois ans, le *divin* Marat, c'est la seule marche que tiennent les ennemis de la république ; et j'en atteste soixante de mes collégues, combien de fois j'ai gémi dans leur sein des funestes succès de cette marche! Combien de fois, depuis trois mois, je les ai entretenus en particulier de mes frayeurs, qu'ils traitaient de ridicules, quoique depuis la révolution sept à huit volumes déposent en ma faveur, que si je n'ai pas toujours bien connu les personnes, j'ai toujours bien jugé les événemens! Enfin, Robespierre, dans un premier discours dont la Convention a décrété l'envoi à toute l'Europe, a soulevé le voile. Il convenait à son courage et à sa popularité d'y glisser adroitement, comme il a fait, le grand mot, le mot salutaire, que Pitt a changé de batteries; qu'*il a entrepris de faire, par l'exagération ce qu'il n'avait pu faire par le modérantisme, et qu'il y avait des hommes, patriotiquement contre-révolutionnaires*, qui travaillaient à former, comme Rolland, l'esprit public et à pousser l'opinion en sens contraire; mais à un autre extrême, également fatal à la liberté. Depuis, dans deux discours non moins éloquens, aux Jacobins, il s'est prononcé, avec plus de véhémence encore, contre les intrigans qui, par des louanges perfides et exclusives, se flattaient de le détacher de tous ses vieux compagnons d'armes, et du bataillon sacré des Cordeliers, avec lequel il avait tant de fois battu l'armée royale. A la honte des prêtres, il a défendu le Dieu qu'ils abandonnaient lâchement.

En rendant justice à ceux qui, comme le curé Meslier, abjuraient leur métier par philosophie, il a mis à leur place ces hypocrites de religion qui, s'étant faits prêtres pour faire bonne chère, se déprêtrisaient pour soutenir la cuisine, et ne rougissaient pas de publier eux-mêmes leur ignominie, en s'accusant d'avoir été si long-temps de vils charlatans, et venaient nous dire à la barre :

Citoyens, j'ai menti soixante ans pour mon ventre.

Quand on a trompé si long-temps les hommes, on abjure. Fort bien. Mais on cache sa honte ; on ne vient pas s'en parer, et on demande pardon à Dieu et à la Nation.

Il a mis à leur place ces hypocrites de patriotisme, qui, aristocrates dans l'assemblée constituante et évêques connus par leur fanatisme, tout à coup éclairés par la raison, montaient les premiers à l'assaut de l'église Saint-Roch, et par des farces indécentes et indignes de la majesté de la Convention, s'efforçaient de heurter tous les préjugés et de nous présenter à l'Europe comme un peuple d'athées, qui, sans constitution comme sans principes, abandonnés à l'impulsion du pariote du jour et du Jacobin à la mode, proscrivaient et persécutaient tous les cultes, dans le même temps qu'ils en juraient la liberté. A le tête de ces hommes, qui, plus patriotes que Robespierre, plus philosophes que Voltaire, se moquaient de cette maxime si vraie :

Si Dieu n'existait pas, il faudrait l'inventer,

on distinguait Anacharsis Cloots, l'orateur du genre humain. Cloots est Prussien, il est cousin-germain de ce Proly tant dénoncé. Il a travaillé à la *Gazette Universelle* où il a fait la guerre aux patriotes, je crois, dans le temps du Champ-de-Mars. C'est Guadet et Vergniaud qui ont été ses parrains et l'ont fait naturaliser citoyen français, par décret de l'assemblée législative. Par reconnaissance, il a *voté*, dans les journaux, *la régence au vertueux Rolland*. Après ce vote fameux, comment peut-il prendre tous les jours effrontément place à la cîme de la montagne ? Le patriote Cloots, dans la grande question de la guerre, a offert 12 mille francs à la barre, en don patriotique, pour les frais de l'ouverture de la campagne, afin de faire prévaloir l'opinion de Brissot qui, comme Cloots, voulait faire la guerre au genre humain et le municipaliser. Quoiqu'il ait des entrailles de père pour tous les hommes, Cloots semble en avoir moins pour les nègres; car, dans le temps, il combattait pour Barnave contre Brissot, dans l'affaire des colonies; ce qui montre une flexibilité de principes et une prédilection pour les blancs peu dignes de l'ambassadeur du genre humain. En revanche, on ne peut donner trop d'éloges à son zèle infatigable à prêcher la république, une et indivisible, des quatre parties du monde, à sa ferveur de missionnaire jacobin, à vouloir guillotiner les tyrans de la Chine et du Monomotapa. Il n'a jamais manqué de dater ses lettres, depuis cinq ans, de *Paris, chef-lieu du globe*; et ce n'est pas sa faute si les rois de Danemarck, de Suède, gardent la neutralité, et ne s'indignent pas que Paris se dise orgueilleusement la métropole de Stockholm et de Copenhague. Eh bien, c'est ce bon montagnard qui, l'autre jour, après souper, dans un accès de dévotion à la raison, et de ce qu'il appelle son *zèle pour la maison du seigneur genre humain*, courut, à onze heures du soir, éveiller, dans son premier somme, l'évêque Gobel, pour lui offrir ce qu'il appelait une couronne civique, et l'engager à se déprêtriser solennellement le lendemain à la barre de la Convention. Ce qui fut fait: et voilà comme notre

Prussien Cloots donnait à la France ce signal de subversion et l'exemple de courir sus à tous les sacristains.

Certes je ne suis pas un cagot, et le champion des prêtres. Tous ont gagné leurs grands revenus en apportant aux hommes un mal qui comprend tous les autres, celui d'une servitude générale, en prêchant cette maxime de leur Saint-Paul: *obéissez aux tyrans*, en répondant comme l'évêque O'Neal à Jacques Ier, qui lui demandait s'il pouvait puiser dans la bourse de ses sujets: « A Dieu ne plaise que vous ne le puissiez; *vous êtes le souffle de nos narines;* » ou comme le Tellier à Louis XIV : *Vous êtes trop bon roi; tous les biens de vos sujets sont les vôtres.* On a terminé le chapitre des prêtres et de tous les cultes qui se ressemblent et sont tous également ridicules, quand on a dit que les Tartares mangent les excrémens du grand Lama comme des friandises sanctifiées. Il n'y a si vile tête d'ognon qui n'ait été révérée à l'égal de Jupiter. Dans le Mogol, il y a encore une vache qui reçoit plus de génuflexions que le bœuf Apis, qui a sa crèche garnie de diamans et son étable voûtée des plus belles pierreries de l'Orient, ce qui doit rendre Voltaire et Rousseau moins fiers de leurs honneurs du Panthéon; et Marc Polo nous fait voir les habitans du pays de Cardandan adorant chacun le plus vieux de la famille, et se donnant, par ce moyen, la commodité d'avoir un Dieu dans la maison et sous la main. Du moins ceux-ci ont nos principes d'égalité, et chacun est Dieu à son tour.

Nous n'avons pas le droit de nous moquer de tous ces imbécilles, nous, Européens, qui avons cru si long-temps,

<blockquote>Que l'on gobait un Dieu comme on avale une huître,</blockquote>

et notre religion avait ce mal par dessus les autres, que l'esclavage et le papisme sont deux frères qui se tiennent si bien par la main, qu'ils ne sont jamais entrés dans un pays l'un sans l'autre. Aussi tous les états libres, en tolérant tous les cultes, ont-ils proscrit le papisme seul avec raison, la liberté ne pouvant permettre une religion qui fait de la servitude un de ses dogmes. J'ai donc toujours pensé qu'il fallait retrancher au moins le clergé du corps politique; mais pour cela, il suffisait d'abandonner le catholicisme à sa décrépitude, et le laisser finir de sa belle mort, qui était prochaine. Il n'y avait qu'à laisser agir la raison et le ridicule sur l'entendement des peuples, et avec Montaigne, regarder *les églises comme des petites maisons d'imbécilles qu'il fallait laisser subsister* jusqu'à ce que la raison eût fait assez de progrès, *de peur que ces fous ne devinssent des furieux.*

Aussi ce qui m'inquiète, c'est de ne pas m'apercevoir assez des progrès de la raison humaine parmi nous. Ce qui m'inquiète, c'est que nos médecins politiques eux-mêmes, ne comptent pas assez sur la raison des Français pour croire qu'elle puisse être dégagée de tout culte. Il faut à l'esprit humain malade, pour le bercer, le lit plein de songes de la superstition; et à voir les processions, les fêtes qu'on institue, les autels et les saints sépulcres qui se lèvent, il me semble qu'on ne fait que changer de lit le malade, seulement on lui retire l'oreiller de l'espérance d'une autre vie. Comment le savant Cloots a t-il pu ignorer qu'il faut que la raison et la philosophie soient devenues plus communes encore, plus populaires qu'elles ne le sont dans les départemens, pour que les malheureux, le vieillard, les femmes puissent renoncer à leurs vieux autels, et à l'espérance qui les y attachent? Comment peut-il ignorer que la politique a besoin de ce ressort, que Trajan n'eut tant de peine à subjuguer les

Daces, que parce que, disent les historiens, à l'intrépidité des barbares ils joignaient une persuasion plus intime de l'existence du palais d'Odin, où ils recevraient à table le prix de leur valeur. Comment peut il ignorer que la liberté elle-même ne saurait se passer de cette idée d'un Dieu rémunérateur, et qu'aux Thermopyles, le célèbre Léonidas exhortait ses trois cent Spartiates en leur promettant le brouet noir, la salade et le fromage chez Pluton, *apud inferos cœnaturi!* Comment peut-il ignorer que la terreur de l'armée victorieuse de Gabinius ne fut pas assez forte pour contenir le peuple d'Alexandrie, qui faillit exterminer ses légions à la vue d'un chat tué par un soldat romain! Et dans le fameux soulèvement des paysans de Suède contre Gustave Ericson toute leur pétition se réduisait à ce point : « Qu'on nous rende nos cloches. » Ces exemples prouvent avec quelle circonspection on doit toucher au culte Pour moi, je l'ai dit, le jour même où je vis Gobel venir à la barre avec sa double croix, qu'on portait en triomphe devant le philosophe Anaxagoras, si ce n'était pas un crime de lèse-montagne de soupçonner un président des Jacobins et un procureur de la commune, tels que Cloots et Chaumette, je serais tenté de croire, qu'à la nouvelle de Barrère du 21 septembre, *la Vendée n'existe plus*, le roi de Prusse s'est écrié douloureusement : « Tous nos efforts échoueront donc contre la république, puisque le noyau de la Vendée est détruit, » et que l'adroit Lucchesini, pour le consoler, lui aura dit : « Héros invincible, j'imagine une ressource ; laissez-moi faire. Je paierai quelques prêtres pour se dire charlatans ; j'enflammerai le patriotisme des autres pour faire une pareille déclaration. Il y a, à Paris, deux fameux patriotes qui seront très-propres, par leurs talens, leur exagération et leur système religieux bien connu, à nous seconder et à recevoir nos impressions. il n'est question que de faire agir nos amis, en France, auprès des deux grands philosophes, Anacharsis et Anaxagoras, de mettre en mouvement leur bile, et d'éblouir leur civisme par la riche conquête des sacristies. » (J'espère que Chaumette ne se plaindra pas de ce numéro, et le marquis de Lucchesini ne peut parler de lui en termes plus honorables.) « Anacharsis et Anaxagoras croiront pousser à la roue de la raison, tandis que ce sera à celle de la contre-révolution ; et bientôt, au lieu de laisser mourir en France, de vieillesse et d'inanition, le papisme, prêt à rendre le dernier soupir, sans procurer à nos ennemis aucun avantage, puisque le trésor des sacristies ne pouvait échapper à Cambon, par la persécution et l'intolérance contre ceux qui voudraient messer et être messés, je vous réponds de faire passer force recrues constitutionelles à Lescure et à La Rochejacquelin. »

LE VIEUX CORDELIER.

LE VIEUX CORDELIER,

JOURNAL RÉDIGÉ

Par Camille-Desmoulins,

DÉPUTÉ A LA CONVENTION, ET DOYEN DES JACOBINS,

―――――――――――――――――――――

VIVRE LIBRE OU MOURIR!

III.

Quintidi frimaire, 3ᵉ décade, l'an II de la république, une et indivisible.

―――

> Dès que ceux qui gouvernent seront haïs, leurs concurrens ne tarderont pas à être admirés.
>
> (MACHIAVEL).

Une différence entre la monarchie et la république qui suffirait seule pour faire repousser avec horreur, par les gens de bien, le gouvernement monarchique, et lui faire préférer la république, quoiqu'il en coûte pour l'établir, c'est que si, dans la démocratie, le peuple peut être trompé, du moins c'est la vertu qu'il aime, c'est le mérite qu'il croit élever aux places, au lieu que les coquins sont l'essence de la monarchie. Les vices, les pirateries et les crimes, qui sont la maladie des républiques, sont la santé des monarchies. Le cardinal de Richelieu l'avoue dans son testament politique, où il pose en principe, que le *roi doit éviter de se servir des gens de bien.* Avant lui, Salluste avait dit : *Les rois ne sauraient se passer des fripons, et, au contraire, ils doivent avoir peur et se méfier de la probité.* Ce n'est donc que dans la démocratie que le bon citoyen peut raisonnablement espérer de voir cesser le triomphe de l'intrigue et du crime ; et pour cela le peuple n'a besoin que d'être éclairé : c'est pourquoi, afin que le règne d'Astrée revienne, je reprends la plume, et je veux aider le père Duchesne à éclairer mes concitoyens, et à répandre les semences du bonheur public.

Il y a encore cette différence entre la monarchie et la république, que les règnes des plus méchans empereurs, Tibère, Claude, Néron, Caligula, Domitien, eurent d'heureux commencement. Tous les règnes ont la *joyeuse entrée.*

C'est par ces réflexions que le patriote répond d'abord au royaliste, riant sous cape de l'état présent de la France, comme si cet état violent et terrible devait durer. Je vous entends, messieurs les royalistes, narguer tout bas les fondateurs de la république, et comparer le temps de la Bastille. Vous comptez sur la franchise de ma plume, et vous vous faites un plaisir malin de la suivre, esquissant fidèlement le tableau de ce dernier semestre; mais je saurai tempérer votre joie, et animer les citoyens d'un nouveau courage. Avant de mener le lecteur aux Breteaux et sur la place de la Révolution, et de les lui montrer inondés du sang qui coula, pendant ces six mois, pour l'éternel affranchissement d'un peuple de vingt-cinq millions d'hommes, et non encore lavés par la liberté et le bonheur public, je vais commencer par reporter les yeux de mes concitoyens sur les règnes des Césars, et sur ce fleuve de sang, sur cet égoût de corruption et d'immondices coulant perpétuellement sous la monarchie.

Muni de ce numéro préliminaire, le souscripteur, fût-il doué de la plus grande sensibilité, se soutiendra facilement pendant la traversée qu'il entreprend avec moi de ce période de la révolution. Dans le combat à mort que se livrent, au milieu de nous, la république et la monarchie, et dans la nécessité que l'une ou l'autre remportât une victoire sanglante, qui pourra gémir du triomphe de la république, après avoir vu la description que l'histoire nous a laissée du triomphe de la monarchie; après avoir jeté un coup-d'œil sur la copie ébauchée et grossière des tableaux de Tacite, que je vais présenter à l'honorable cercle de mes abonnés?

« Après le siége de Pérouse, disent les historiens, malgré la capitulation, la réponse d'Auguste fut : « Il vous faut tous périr. » Trois cents des principaux citoyens furent conduits à l'hôtel de Jules-César, et là, égorgés le jour des ides de mars; après quoi le reste des habitans fut passé pêle-mêle au fil de l'épée, et la ville, une des plus belles de l'Italie, réduite en cendres, et autant effacée qu'Herculanum de la surface de la terre. *Il y avait anciennement à Rome,* dit Tacite, *une loi qui spécifiait les crimes d'état et de lèse-majesté, et portait peine capitale. Ces crimes de lèse-majesté, sous la république, se réduisaient à quatre sortes : si une armée avait été abandonnée dans un pays ennemi; si l'on avait excité des séditions; si les membres des corps constitués avaient mal administré les affaires et les deniers publics; si la majesté du peuple romain avait été avilie. Les empereurs n'eurent besoin que de quelques articles additionnels à cette loi pour envelopper et les citoyens et les cités entières dans la proscription. Auguste fut le premier extendeur de cette loi de lèse-majesté, dans laquelle il comprit les écrits qu'il appelait contre-révolutionnaires* (1). Sous ses successeurs, et bientôt les

---

(1) Je préviens que ce numéro n'est, d'un bout à l'autre, qu'une traduction littérale des historiens. J'ai cru inutile de le surcharger des citations. Toutefois, au risque de passer pour pédant, je citerai, parfois, le texte, afin d'ôter tout prétexte à la malignité d'empoisonner mes phrases, et de prétendre ainsi que ma traduction d'un auteur mort il y a quinze cents ans est un crime de contre-révolution. Voici le passage : Tacit. Annales, liv. 1, ch. 72. *Nam legem majestatis reduxerat, cui nomen apud veteres idem, sed alia in judicium veniebant : si quis proditione exercitum, aut plebem seditionibus, denique malè gestâ Republicâ, majestatem populi romani minuisset. Facta arguebantur, dicta impunè erant. Primus Augustus cognitionem de famosis libellis specie legis ejus tractavit.*

J'ajoute que Marat, dont l'autorité est presque sacrée, d'après les honneurs divins qu'on rend à sa mémoire, pensait absolument comme Tacite sur cette matière. Voici comme s'exprimait Marat, à la tribune de la Convention, dans la séance du 7 janvier, à l'occasion d'un réquisitoire d'Anaxagoras Chaumette, contre je ne sais quel article de feu Charles-Villette, inséré dans la Chronique : « Toute citation devant un tribunal
« pour une opinion est une injustice. On ne peut citer, en ce
« cas, un citoyen, que devant le public. Et quand cette cita-
« tion s'adresse à un représentant du peuple, c'est une infâme

3.

extensions n'eurent plus de bornes, dès que des propos furent devenus des crimes d'état; de là, il n'y eut qu'un pas pour changer en crimes les simples regards, la tristesse, la compassion, les soupirs, le silence même.

« Bientôt ce fut un crime de lèse-majesté ou de contre-révolution à la ville de Nursia, d'avoir élevé un monument à ses habitans morts au siége de Modène, en combattant cependant sous Auguste lui-même, mais parce qu'alors Auguste combattait avec Brutus, et Nursia eut le sort de Pérouse.

« Crime de contre-révolution à Libon Drusus, d'avoir demandé aux diseurs de bonne aventure s'il ne posséderait pas un jour de grandes richesses. Crime de contre-révolution au journaliste Cremutius Cordus, d'avoir appelé Brutus et Cassius les derniers des Romains. Crime de contre-révolution à un des descendans de Cassius, d'avoir chez lui un portrait de son bisaïeul. Crime de contre-révolution à Mamercus Scaurus, d'avoir fait une tragédie où il y avait tel vers à qui l'on pouvait donner deux sens. Crime de contre-révolution à

« violation. Je demande que le procureur de la commune soit
« traduit à la barre, pour avoir attenté à la liberté de la
« presse, etc. »

Torquatus Silanus, de faire de la dépense. Crime de contre-révolution à Petreïus, d'avoir eu un songe sur Claude. Crime de contre-révolution à Appius Silanus, de ce que la femme de Claude avait eu un songe sur lui. Crime de contre-révolution à Pomponius, parce qu'un ami de Séjan était venu chercher un asile dans une de ses maisons de campagne. Crime de contre-révolution d'être allé à la garde-robe sans avoir vidé ses poches, et en conservant dans son gilet un jeton à la face royale, ce qui était un manque de respect à la figure sacrée des tyrans. Crime de contre-révolution de se plaindre des malheurs du temps, car c'était faire le procès du gouvernement. Crime de contre-révolution de ne pas invoquer le génie divin de Caligula. Pour y avoir manqué, grand nombre de citoyens furent déchirés de coups, condamnés aux mines ou aux bêtes, quelques-uns même sciés par le milieu du corps. Crime de contre-révolution à la mère du consul Fusius Geminus, d'avoir pleuré la mort funeste de son fils.

« Il fallait montrer de la joie de la mort de son ami, de son parent, si l'on ne voulait s'exposer à périr soi-même. Sous Néron, plusieurs dont il avait fait mourir les proches allaient en rendre grâce aux dieux; ils illuminaient. Du moins il fallait avoir un air de contentement., un air ouvert et calme. On avait peur que la peur même ne rendît coupable.

« Tout donnait de l'ombrage au tyran. Un citoyen avait-il de la popularité; c'était un rival du prince, qui pouvait susciter une guerre civile. *Studia civium in se verteret et si multi idem audeant, bellum esse.* Suspect.

« Fuyait-on au contraire la popularité, et se tenait-on au coin de son feu ; cette vie retirée vous avait fait remarquer, vous avait donné de la considération. *Quantò metu occultior, tantò famœ adeptus.* Suspect.

« Étiez-vous riche ; il y avait un péril imminent que le peuple ne fût corrompu par vos largesses. *Auri vim atque opes Plauti principi infensas.* Suspect.

« Etiez-vous pauvre ; comment donc ! invincible empereur, il faut surveiller de plus près cet homme. Il n'y a personne d'entreprenant comme celui qui n'a rien. *Syllam inopem, undè prœcipuam audaciam.* Suspect.

« Etiez-vous d'un caractère sombre, mélancolique, ou mis en négligé ; ce qui vous affligeait, c'est que les affaires publiques allaient bien. *Hominem bonis publicis mœstum.* Suspect.

« Si, au contraire, un citoyen se donnait du bon temps et des indigestions, il ne se divertissait que parce que l'empereur avait eu cette attaque de goutte qui heureusement ne serait rien ; il fallait lui faire sentir que sa majesté était encore dans la vigueur de l'âge. *Reddendam pro intempestivâ licentiâ mœstam et funebrem noctem quâ sentiat vivere Vitellium et imperare.* Suspect.

« Etait-il vertueux et austère dans ses mœurs ; bon ! nouveau Brutus, qui prétendait par sa pâleur et sa perruque de jacobin, faire la censure d'une cour aimable et bien frisée. *Gliscere œmulos Brutorum vultûs rigidi et tristis quo tibi lasciviam exprobrent.* Suspect.

« Etait-ce un philosophe, un orateur ou un poète ; il lui convenait bien d'avoir plus de renommée que ceux qui gouvernaient ! Pouvait-on souffrir qu'on fît plus d'attention à l'auteur, aux quatrièmes, qu'à l'empereur dans sa loge grillée ? *Virginum et Rufum claritudo nominis.* Suspect.

« Enfin s'était-on acquis de la réputation à la guerre ; on n'en était que plus dangereux par son talent. Il y a de la ressource avec un général inepte. S'il est traître, il ne peut pas si bien livrer une armée à l'ennemi qu'il n'en revienne quelqu'un. Mais un officier du mérite de Corbulon ou d'Agricola, s'il trahissait, il ne s'en sauverait pas un seul. Le mieux était de s'en défaire : Au moins, seigneur, ne pouvez-vous vous dispenser de l'éloigner promptement de l'armée. *Multa militari famà metum fecerat.* Suspect.

« On peut croire que c'était bien pis, si on était petit-fils ou allié d'Auguste : on pouvait avoir un jour des prétentions au trône. *Nobilem et quod tunc spectaretur è Cæsarum posteris!* Suspect.

« Et tous ces suspects, sous les empereurs, n'en étaient pas quittes, comme chez nous, pour aller aux Madelonnettes, aux Irlandais, ou à Sainte-Pélagie. Le prince leur envoyait l'ordre de faire venir leur médecin ou leur apothicaire, et de choisir, dans les vingt-quatre heures, le genre de mort qui leur plairait le plus. *Missus centurio qui maturaret eum.* »

C'est ainsi qu'il n'était pas possible d'avoir aucune qualité, à moins qu'on n'en eût fait un instrument de la tyrannie, sans éveiller la jalousie du despote et sans s'exposer à une perte certaine. C'était un crime d'avoir une grande place, ou d'en donner sa démission; mais le plus grand de tous les crimes était d'être incorruptible. Néron avait tellement détruit tout ce qu'il y avait de gens de bien, qu'après s'être défait de Thrasea et de Soranus, il se vantait d'avoir aboli jusqu'au nom de vertu sur la terre. Quand le sénat les avait condamnés, l'empereur lui écrivait une lettre de remercîment de ce qu'il avait fait périr *un ennemi de la république*; de même qu'on avait vu le tribun Clodius élever un *autel à la liberté* sur l'emplacement de la maison rasée de Cicéron, et le peuple crier : *Vive la liberté!*

L'un était frappé à cause de son nom et de celui de ses ancêtres ; un autre, à cause de sa belle maison d'Albe; Valérius Asiaticus, à cause que ses jardins avaient plu à l'impératrice; Statilius, à cause que son visage lui avait déplu; et une multitude sans qu'on en pût deviner la cause. Toranius, le tuteur, le vieil ami d'Auguste, était proscrit par son pupille sans qu'on sût pourquoi, sinon qu'il était homme de probité et qu'il aimait sa patrie. Ni la préture, ni son innocence ne purent garantir Quintus Gellius des mains sanglantes de l'éxécuteur; cet Auguste, dont on a tant vanté la clémence, lui arrachait les yeux de ses propres mains. On était trahi et poignardé par ses esclaves, ses ennemis ; et si l'on n'avait point d'ennemi, on trouvait pour assassin un hôte, un ami, un fils. En un mot, sous ces règnes, la mort naturelle d'un homme célèbre, ou seulement en place, était si rare, que cela était mis dans les gazettes comme un événement, et transmis par l'historien à la mémoire des siècles. « Sous ce consulat, dit notre annaliste « il y eut un pontife, Pison, qui mourut dans son « lit; ce qui parut tenir du prodige. »

La mort de tant de citoyens innocens et recommandables semblait une moindre calamité que l'insolence et la fortune scandaleuse de leurs meurtriers et de leurs dénonciateurs. Chaque jour, le délateur sacré et inviolable faisait son entrée triomphale dans le palais des morts, en recueillait quelque riche succession. Tous ces dénonciateurs se paraient des plus beaux noms, se faisaient appeler Cotta, Scipion, Régulus, Cassius, Severus. La délation était le seul moyen de parvenir, et Régulus fut fait trois fois consul pour ses dénonciations. Aussi tout le monde se jetait-il dans une carrière des dignités si large et si facile, et pour se signaler par un début illustre, et faire ses caravanes de délateur, le marquis Serunus intentait une accusation de contre-révolution contre son vieux père, déjà exilé; après quoi il se faisait appeler fièrement Brutus.

Tels accusateurs, tels juges. Les tribunaux, protecteurs de la vie et des propriétés, étaient devenus des boucheries où ce qui portait le nom de supplice et de confiscation n'était que vol et assassinat.

S'il n'y avait pas moyen d'envoyer un homme au tribunal, on avait recours à l'assassinat et au poison. Celer, OElius, la fameuse Locuste, le médecin Anicet, étaient des empoisonneurs de profession, patentés, voyageant à la suite de la cour, et une espèce de grands officiers de la couronne. Quand ces demi-mesures ne suffisaient pas, le tyran recourait à une proscription générale. C'est ainsi que Caracalla, après avoir tué de ses propres mains son frère Géta, déclarait ennemis de la république tous ses amis et partisans, au nombre de vingt mille; et Tibère, ennemis de la république tous les amis et les partisans de Séjan, au nombre de trente mille. C'est ainsi que Sylla, dans un seul jour, avait interdit le feu et l'eau à soixante-dix mille Romains. Si un lion empereur avait eu une cour et une garde prétorienne de tigres et de panthères, ils n'eussent pas mis plus de personnes en pièces que les délateurs, les affranchis, les empoisonneurs et les coupe-jarrets des Césars; car la cruauté causée par la faim cesse avec la faim, au lieu que celle causée par la crainte, la cupidité et les soupçons des tyrans, n'a point de bornes. Jusqu'à quel degrés d'avilissement et de bassesse l'espèce humaine ne peut elle pas descendre? quand on pense que Rome a souffert le gouvernement d'un monstre qui se plaignait que son règne ne fut point signalé par quelque calamité, peste, famine, tremblement de terre ; qui enviait à Auguste le bonheur d'avoir eu, sous son empire, une armée taillée en pièces; et au règne de Tibère, les désastres de l'amphithéâtre de Fidènes, où il avait péri cinquante mille personnes; et, pour tout dire en un mot, qui souhaitait que le peuple romain n'eût qu'une seule tête, pour le mettre en masse à la fenêtre!

Que les royalistes ne viennent pas me dire que cette description ne conclue rien, que le règne de Louis XVI ne ressemblait point à celui des Césars. S'il n'y ressemblait point, c'est que chez nous la tyrannie, endormie depuis long-temps au sein des plaisirs, et se reposant sur la solidité des chaînes que nos pères portaient depuis quinze cents ans, croyait n'avoir plus besoin de la terreur, seul instrument des despotes, dit Machiavel, et instrument tout puissant sur des âmes basses, timides et faites pour l'esclavage. Mais aujourd'hui que le peuple s'est réveillé, et que l'épée de la république a été tirée contre les monarchies, laissez la royauté remettre le pied en France ; c'est alors que ces médailles de la tyrannie, si bien frappées par Tacite, et que je viens de mettre sous les yeux de mes concitoyens, seront la vivante image de ce qu'ils auront à souffrir de maux pendant cinquante ans. Et faut-il chercher des exemples si loin ? Les massacres du Champ-de-Mars et de Nancy; ce que Robespierre racontait l'autre jour aux Jacobins des horreurs que les Autrichiens ont commises aux frontières, les Anglais à Gênes, et les royalistes à Fougères et dans la Vendée, et la violence seule des partis, montrent assez que le despotisme, rentré furieux dans ses possessions détruites, ne pourrait s'y affermir qu'en régnant comme les Octave et les Néron. Dans ce duel entre la liberté et la servitude, et dans la cruelle alternative d'une défaite mille fois plus sanglante que notre victoire, *outrer la révolution avait donc moins de péril et valait encore mieux que de rester en-deçà*, comme l'a dit Danton, et il a fallu, avant tout, que la république s'assurât du champ de bataille.

D'ailleurs tout le monde conviendra d'une vérité. Quoique Pitt sentant cette nécessité où nous étions réduits, de ne pouvoir vaincre sans une grande effusion de sang, ait changé tout à coup de batteries, et profitant habilement de notre situation, ait fait tous ses efforts pour donner à notre liberté l'attitude de la tyrannie, et tourner ainsi contre nous la raison et l'humanité du dix-huitième siècle, c'est-à-dire les armes mêmes avec lesquelles nous avions vaincu le despotisme; quoique Pitt, depuis la grande victoire de la Montagne, le 20 janvier, se sentant trop faible pour empêcher la liberté de s'établir en France, en la combattant de front, ait compris que le seul moyen de la diffamer et de la détruire était d'en prendre lui-même le costume et le langage; quoiqu'en conséquence de ce plan, il ait donné à tous ses agens, à tous les aristocrates, l'instruction secrète de s'affubler d'un bonnet rouge, de changer la culotte étroite contre le pantalon, et de se faire des patriotes énergumènes; quoique le patriote Pitt, devenu jacobin, dans son ordre à l'armée invisible qu'il solde parmi nous, l'ait conjurée de demander, comme le marquis de Montaut, *cinq cents têtes dans la Convention*, et que *l'armée du Rhin fusillât la garnison de Mayence*; de demander comme une certaine pétition, *qu'on fît tomber neuf cent mille têtes*;

comme un certain réquisitoire, *qu'on embastillât la moitié du peuple français, comme suspect;* et comme une certaine motion, *qu'on mît des barils de poudre sous ces prisons innombrables, et à côté une mêche permanente;* quoique le sans-culotte Pitt ait demandé qu'au moins, par amendement, on traitât tous ces prisonniers avec la dernière rigueur; qu'on leur refusât toutes les commodités de la vie, et jusqu'à la vue de leurs pères, de leurs femmes et de leurs enfans, pour les livrer eux et leur famille à la terreur et au désespoir; quoique cet habile ennemi ait suscité partout une nuée de rivaux à la Convention, et qu'il n'y ait aujourd'hui, en France, que les douze cent mille soldats de nos armées, qui, fort heureusement, ne fassent pas de lois ; car les commissaires de la Convention font des lois ; les départemens, les districts, les municipalités, les sections, les comités révolutionnaires font des lois ; et, Dieu me pardonne, je crois que les sociétes fraternelles en font aussi : malgré, dis-je, tous les efforts que Pitt a faits pour rendre notre république odieuse à l'Europe; pour donner des armes au parti ministériel contre le parti de l'opposition, à la rentrée du parlement ; en un mot, pour réfuter le manifeste sublime de Robespierre (1). Malgré tant de guinées, qu'on me cite, disait Danton, un seul homme fortement prononcé dans la révolution, et en faveur de la république, qui ait été condamné à mort par le tribunal révolutionnaire? Le tribunal révolutionnaire, de Paris du moins, quand il a vu des faux témoins se glisser dans son sein, et mettre l'innocent en péril, s'est empressé de leur faire subir la peine du talion. A la vérité, il a condamné pour des paroles et des écrits; mais, d'abord, peut-on regarder comme de simples paroles le cri de *vive le roi*, ce cri provocateur de sédition, et qui, par conséquent, même dans l'ancienne loi de la république romaine, que j'ai citée, eût été puni de mort? Ensuite c'est dans la mêlée d'une révolution que ce tribunal a à juger des crimes politiques; et ceux mêmes qui croient qu'il n'est pas exempt d'erreurs lui doivent cette justice, qu'en matière d'écrits il est plus attaché

---

(1) C'est avec de tels écrits qu'on vengerait l'honneur de la république, et qu'on débaucherait leurs peuples et leurs armées, aux despotes, bientôt réduits à la garde des nobles et des prêtres, leurs satellites naturels, si les *ultra-révolutionnaires* et les bonnets rouges de Brissot et de Dumouriez ne gâtaient une si belle cause et ne fournissaient malheureusement à Pitt des faits pour répondre à ces belles paroles de Robespierre.

à l'intention qu'au corps du délit ; et lorsqu'il n'a pas été convaincu que l'intention était contre-révolutionnaire, il n'a jamais manqué de mettre en liberté, non seulement celui qui avait tenu les propos ou publié les écrits, mais même celui qui avait émigré.

Ceux qui jugent si sévèrement les fondateurs de la république ne se mettent pas assez à leur place. Voyez entre quels précipices nous marchons. D'un côté est l'exagération en moustaches, à qui il ne tient pas que, par ses mesures ultra-révolutionaires, nous ne devenions l'horreur et la risée de l'Europe; d'un autre côté est le modérantisme en deuil, qui, voyant les vieux Cordeliers ramer vers le bon sens et tâcher d'éviter le courant de l'exagération, faisait hier, avec une armée de femmes, le siége du comité de sûreté générale, et, me prenant au collet, comme j'y entrais par hasard, prétendait que, dans le jour, la Convention ouvrît toutes les prisons, pour nous lâcher aux jambes, avec un certain nombre, il est vrai, de bons citoyens, une multitude de contre-révolutionnaires enragés de leur détention. Enfin, il y a une troisième conspiration, qui n'est pas la moins dangereuse ; c'est celle que Marat aurait appelée la conspiration des dindons ; je veux parler de ces hommes qui, avec les intentions du monde les meilleures, étrangers à toutes les idées politiques, et, si je puis m'exprimer ainsi, scélérats de bêtise et d'orgueil, parce qu'ils sont de tel comité, ou qu'ils occupent telle place éminente, souffrent à peine qu'on leur parle; montagnards *d'industrie*, comme les appelle si bien d'Églantine, tout au moins montagnards de recrues, de la troisième ou quatrième réquisition, et dont la morgue ose traiter de mauvais citoyens des vétérans blanchis dans les armées de la république, s'ils ne fléchissent pas le genoux devant leur opinion, et dont l'ignorance patriote nous fait encore plus de mal que l'habileté contre-révolutionnaire des Lafayette et des Dumouriez. Voilà les trois écueils dont les Jacobins éclairés voient que leur route est semée sans interruption ; mais ceux qui ont posé la première pierre de la république doivent être déterminés à élever jusqu'au faîte ce nouveau Capitole, ou à s'ensevelir sous ses fondemens.

Pour moi, j'ai repris tout mon courage ; et tant que j'aurai vécu, je n'aurai pas laissé déshonorer mon écritoire véridique et républicaine. Après ce numéro 3 du vieux Cordelier, que Pitt vienne dire maintenant que je n'ai pas la liberté d'exprimer mon opinion autant que le *Morning Chronicle!* qu'il vienne dire que la liberté de la presse n'existe plus en France, même pour les députés de la Convention, après la lettre pleine d'affreuses vérités que vient de publier le courageux Philippeaux, quoiqu'on puisse lui reprocher d'y avoir trop méconnu les grands services du comité de salut public. Depuis que j'ai lu cet écrit véritablement sauveur, je dis à tous les patriotes que je rencontre : *Avez-vous lu Philippeaux?* Et je le dis avec autant d'enthousiasme que La Fontaine demandait : *Avez-vous lu Baruch?*

Oui, j'espère que la liberté de la presse va renaître toute entière. On a étrangement trompé les meilleurs esprits de la Convention sur les prétendus dangers de cette liberté. On veut que la terreur soit à l'ordre du jour, c'est à dire la terreur des mauvais citoyens : qu'on y mette donc la liberté de la presse; car elle est la terreur des fripons et des contre-révolutionnaires.

Loustalot, qu'on a trop oublié, et à qui il n'a manqué, pour partager les honneurs divins de Marat, que d'être assassiné deux ans plus tard, ne cessait de répéter cette maxime d'un écrivain anglais : *Si la liberté de la presse existait dans un pays ou le despotisme le plus absolu réunit dans une seule main tous les pouvoirs, elle suffirait seule pour faire contre-poids*. L'expérience de notre révolution a démontré la vérité de cette maxime.

Quoique la constitution de 89 eut environné le tyran de tous les moyens de corruption; quoique la majorité des deux premières assemblées nationales, corrompue par ses vingt-cinq millions et par les supplémens de liste civile, conspirât avec Louis XVI, et avec tous les cabinets de l'Europe, pour étouffer notre liberté naissante, il a suffi d'une poignée d'écrivains courageux pour mettre en fuite des milliers de plumes vénales, déjouer tous les complots et amener la journée du 10 août et la république, presque sans effusion de sang, en comparaison de ce qu'il en a coulé depuis. Tant que la liberté indéfinie de la presse a existé, il nous a été facile de tout prévoir, de tout prévenir. La liberté, la vérité, le bon sens ont battu l'esclavage, la sottise et le mensonge, partout où ils les ont rencontrés. Mais est venu le *vertueux* Rolland qui, en faisant de la poste des filets de Saint-Cloud que le ministre seul avait droit de lever, et ne laissant passer que les écrits brissotins a attenté le premier à la circulation des lumières, et a amoncelé sur le Midi ces ténèbres et ces nuages d'où il est sorti tant de tempêtes. On interceptait les écrits de Robespierre, de Billaud-Varennes, etc., etc. Grâce à la guerre qu'on fit déclarer, soi-disant pour achever la révolution, il nous en coûte déjà le sang d'un million d'hommes, selon le compte du *Père Duchesne*, dans un de ses derniers numéros; tandis que je mourrai avec cette opinion que, pour rendre la France républicaine, heureuse et florissante, il eût suffi d'un peu d'encre, et d'une seule guillotine.

On ne répondra jamais à mes raisonnemens en faveur de la liberté de la presse; et qu'on ne dise pas, par exemple, que, dans ce numéro 3, et dans ma traduction de Tacite, la malignité trouvera des rapprochemens entre ces temps déplorables et le nôtre. Je le sais bien, et c'est pour faire cesser ces rapprochemens, c'est pour que la liberté ne ressemble pas au despotisme, que je me suis armé de ma plume. Mais, pour empêcher que les royalistes ne tirent de là un argument contre la république, ne suffit-il pas de représenter, comme j'ai fait tout à l'heure, notre situation et l'alternative cruelle où se sont trouvés réduits les amis de la liberté, dans le combat à mort entre blique et la monarchie?

Sans doute, la maxime des républiques est : *qu'il vaut mieux ne pas punir plusieurs coupables que de frapper un seul innocent.* Mais n'est-il pas vrai que, dans un temps de révolution, cette maxime pleine de raison et d'humanité sert à encourager les traîtres à la patrie, parce que la clarté des preuves qu'exige la loi favorable à l'innocence fait que le coupable rusé se dérobe au supplice? Tel est l'encouragement qu'un peuple libre donne contre lui-même. C'est une maladie des républiques, qui vient, comme on voit, de la bonté du tempérament. La maxime au contraire du despotisme est : *qu'il vaut mieux que plusieurs innocens périssent que si un seul coupable échappait.* C'est cette maxime, dit *Gordon sur Tacite*, qui fait la force et la sûreté des rois.

Le comité de salut public l'a bien senti ; et il a cru que pour établir la république il avait besoin un moment de la jurisprudence des despotes. Il a pensé, avec *Machiavel*, que dans les cas de conscience politique le plus grand bien effaçait le mal plus petit ; il a donc voilé pendant quelque temps la statue de la liberté. Mais confondra-t-on ce voile de gaze et transparent, avec la doublure des Cloots, des Coupé, des Montaut, et ce drap mortuaire sous lequel on ne pouvait reconnaître les principes au cercueil? Confondra-t-on la constitution, fille de la montagne, avec les superfétations de Pitt; les erreurs du patriotisme, avec les crimes du parti de l'étranger; le réquisitoire du procureur de la commune sur *les certificats de civisme*, sur *la fermeture des églises*, et sa définition des gens *suspects*, avec les décrets tutélaires de la Convention, qui ont maintenu la liberté du culte et les principes?

Je n'ai point prétendu faire d'application à personne dans ce numéro. Ce ne serait pas ma faute si M. Vincent, le Pitt de Georges Bouchotte, jugeait à propos de s'y reconnaître à certains traits; mon cher et brave collègue Philippeaux n'a pas pris tant de détours pour lui adresser des vérités bien plus dures. C'est à ceux qui, en lisant ces vives peintures de la tyrannie y trouveraient quelque malheureuse ressemblance avec leur conduite, à s'empresser de la corriger; car on ne se persuadera jamais que le portrait d'un tyran, tracé de la main du plus grand peintre de l'antiquité, et par l'historien des philosophes, puisse être devenu le portrait d'après nature de Caton et de Brutus, et que ce que Tacite appelait le despotisme et le pire des gouvernemens, il y a douze siècles, puisse s'appeler aujourd'hui la liberté et le meilleur des mondes possibles.

LE VIEUX CORDELIER

LE VIEUX CORDELIER,

JOURNAL RÉDIGÉ

Par Camille-Desmoulins,

DÉPUTÉ A LA CONVENTION, ET DOYEN DES JACOBINS,

VIVRE LIBRE OU MOURIR!

IV.

Décadi 30 frimaire, l'an II de la république, une et indivisible.

Le plus fort n'est jamais assez fort pour être toujours le maître, s'il ne transforme sa force en droit.
(J. J. ROUSSEAU, *Contrat Social*.)

Quelques personnes ont improuvé mon numéro 3, où je me suis plu, disent-elles, à faire des rapprochemens qui tendent à jeter de la défaveur sur la révolution et les patriotes : elles devraient dire sur les excès de la révolution et les patriotes d'industrie. Elles croient le numéro réfuté et tout le monde justifié par ce seul mot : *On sait bien que l'état présent n'est pas celui de la liberté; mais patience, vous serez libres un jour.*

Ceux-là pensent apparemment que la liberté, comme l'enfance, a besoin de passer par les cris et les pleurs pour arriver à l'âge mûr; il est au contraire de la nature de la liberté que pour en jouir il suffit de la désirer. Un peuple est libre du moment qu'il veut l'être (on se rappelle que c'est un mot de Lafayette); il rentre dans la plénitude de tous ses droits dès le 14 juillet. La liberté n'a ni vieillesse ni enfance; elle n'a qu'un âge, celui de la force et de la vigueur; autrement, ceux qui se font tuer pour la république seraient donc aussi stupides que ces fanatiques de la Vendée qui se font tuer pour des délices de paradis dont ils ne jouiront point. Quand nous aurons péri dans le combat, ressusciterons-nous aussi dans trois jours, comme le croient ces paysans stupides? Non, cette liberté que j'adore n'est point le Dieu inconnu. Nous combattons pour défendre des biens dont elle met sur-le-champ en possession ceux qui l'invoquent; ces biens sont la déclaration des droits, la douceur des maximes républicaines, la fraternité, la sainte égalité, l'inviolabilité des principes; voilà les traces des pas de la déesse;

voilà à quels traits je distingue les peuples au milieu de qui elle habite.

« Et à quel autre signe veut-on que je reconnaisse cette liberté divine? Cette liberté, ne serait-ce qu'un vain nom? n'est-ce qu'une actrice de l'Opéra, la Candeille ou la Maillard promenées avec un bonnet rouge, ou bien cette statue de 46 pieds de haut que propose David? Si par la liberté vous n'entendez pas comme moi les principes, mais seulement un morceau de pierre, il n'y eut jamais d'idolâtrie plus stupide et si coûteuse que la nôtre.

» O mes chers concitoyens! serions-nous donc avilis à ce point que de nous prosterner devant de telles divinités? Non, la liberté, cette liberté descendue du ciel, ce n'est point une nymphe de l'Opéra, ce n'est point un bonnet rouge, une chemise sale ou des haillons; la liberté, c'est le bonheur, c'est la raison, c'est l'égalité, c'est la justice, c'est la déclaration des droits, c'est votre sublime constitution? Voulez-vous que je la reconnaisse, que je tombe à ses pieds, que je verse tout mon sang pour elle? ouvrez les prisons (1) à

---

(1) Que messieurs les modérés ne se fassent pas une autorité de ce passage; qu'ils n'isolent pas cette ligne du reste du numéro quatre; car c'est de l'ensemble que se compose mon

ces deux cent mille citoyens que vous appelez suspects, car dans la déclaration des droits il n'y a point de maison de suspicion, il n'y a que des maisons d'arrêt. Le soupçon n'a point de prisons, mais l'accusateur public; il n'y a point de gens suspects, il n'y a que des prévenus de délits fixés par la loi; et ne croyez pas que cette mesure serait funeste à la république, ce serait la mesure la plus révolutionnaire que vous eussiez jamais prise. Vous voulez exterminer tous vos ennemis par la guillotine! Mais y eût-il jamais plus grande folie? Pouvez-vous en faire périr un seul à l'échafaud sans vous faire dix ennemis de sa famille ou de ses amis? Croyez-vous que ce soient ces femmes, ces vieillards, ces cacochymes, ces égoïstes, ces traînards de la révolution, que vous enfermez, qui sont dangereux? De vos ennemis il n'est resté parmi vous que les lâches et les malades; les braves et les forts ont émigré; ils ont péri à Lyon ou dans la Vendée; tout le reste ne mérite pas

opinion. Je ne veux point, *pygmée*, avoir une querelle de *géant*, et je déclare que mon sentiment n'est pas qu'on ouvre les deux battans des maisons de suspicion, mais seulement un guichet, et que les quatre ou six examinateurs secrets décrétés par la Convention, décadi 30 frimaire, interrogent les suspects un à un, et leur rendent la liberté, si leur élargissement ne met point la république en péril.

votre colère. Cette multitude de feuillans, de rentiers, de boutiquiers que vous incarcérez, dans le duel entre la monarchie et la république, n'a ressemblé qu'à ce peuple de Rome dont Tacite peint ainsi l'indifférence dans le combat entre Vitellius et Vespasien.

« Tant que dura l'action, les Romains s'assembloient comme des spectateurs curieux autour des combattans, et, comme à un spectacle, ils favorisoient tantôt ceux-ci et tantôt ceux-là par des battemens de mains et des acclamations, se déclarant toujours pour les vainqueurs, et lorsqu'un des deux partis venait à lâcher pied, voulant qu'on tirât des maisons et qu'on livrât à l'ennemi ceux qui s'y sauvaient. D'un côté l'on voyait des morts et des blessés, de l'autre des comédies et des restaurateurs remplis de monde. » N'est-ce pas l'image de nos modérés, de nos chapelains, de nos signataires de la fameuse pétition des huit mille et des vingt mille, et de cette multitude immobile entre les jacobins et Coblentz, selon les succès criant : Vive La Fayette et son cheval blanc ! ou portant en triomphe le buste de Marat et le nichant dévotement à la place de la Notre-Dame du coin et entre les deux chandelles ? On voit que les bourgeois de Paris, l'an 2 de la république, ne ressemblent pas mal encore à ceux de Rome du temps de Vitellius, comme ceux de Rome ressemblaient à ceux d'Athènes du temps de Platon, dont ce philosophe disait, dans sa république imaginaire, qu'il n'avait rien prescrit pour eux, cette classe étant faite pour suivre aveuglément l'impulsion du gouvernement et des plus forts. On se battait au Carrousel et au Champ-de-Mars, et le Palais-Royal étalait ses bergères et son Arcadie. A côté du tranchant de la guillotine, sous lequel tombaient les têtes couronnées, et sur la même place, et dans le même temps, on guillotinait aussi Polichinelle qui partageait l'attention. Ce n'était pas l'amour de la république qui attirait tous les jours tant de monde sur la place de la Révolution, mais la curiosité, et la pièce nouvelle qui ne pouvait avoir qu'une seule représentation. Je suis sûr que la plupart des habitués de ce spectacle se moquaient, au fond de l'âme, des abonnés de l'Opéra et de la tragédie, qui ne voyaient qu'un poignard de carton, et des comédiens qui faisaient le mort. Telle était, dit Tacite, l'insensibilité de la ville de Rome, sa sécurité dénaturée et son indifférence parfaite pour tous les partis. Mais Vespasien, vainqueur, ne fit point embastiller toute cette multitude.

De même, croyez-moi, dignes représentans, aujourd'hui que la Convention vient de rejeter sur les intrigans, les patriotes *tarés*, et les ultra-révolutionnaires en moustaches et en bonnet rouge, l'immense poids de terreur qui pesait sur elle ; aujourd'hui qu'elle a repris, sur son piédestal, l'attitude qui lui convenait dans la religion du peuple, et que le comité de salut public veut un gouvernement provisoire respecté et assez fort pour contenir également les modérés et les exagérés, laissons aussi végéter au coin de leur feu, au moins, ces paisibles casaniers qui n'étaient pas républicains sous Louis XV, et même sous Louis XVI et les états-généraux, mais qui, dès le 14 juillet, et au premier coup de fusil, ont jeté leurs armes et l'écusson des lys, et ont demandé en grâce à la nation de leur laisser faire leurs quatre repas par jour. Laissez-les, comme Vespasien, suivre aujourd'hui le char du triomphateur, en s'égosillant à crier : vive la république !

Que de bénédictions s'élèveraient alors de toutes parts ! Je pense bien différemment de ceux qui vous disent qu'il faut laisser la terreur à l'ordre du jour. Je suis certain, au contraire, que la liberté serait consolidée et l'Europe vaincue si vous aviez un comité de clémence. C'est ce comité qui finirait la révolution ; car la clémence est aussi une mesure révolutionnaire, et la plus efficace de toutes, quand elle est distribuée avec sagesse. Que les imbécilles et les fripons m'appellent modéré s'ils le veulent, je ne rougis point de n'être pas plus enragé que M. Brutus ; or voici ce que Brutus écrivait : *Vous feriez mieux, mon cher Cicéron, de mettre de la vigueur à couper court aux guerres civiles, qu'à exercer de la colère, et poursuivre vos ressentimens contre des vaincus.* (1). On sait que Thrasybule, après s'être emparé d'Athènes à la tête des bannis, et avoir condamné à mort ceux des trente tyrans qui n'avaient point péri les armes à la main, usa d'une indulgence extrême à l'égard du reste des citoyens, et même fit prolamer une amnistie générale. Dira-t-on que Thrasybule et Brutus étaient des Feuillans, des Brissotins ? je consens à passer pour modéré, comme ces grands hommes. La politique leur avait appris la maxime que Machiavel a professée depuis ; que, *lorsque tant de monde a trempé dans une conjuration, on l'étouffe plus sûrement en feignant de l'i-*

---

(1) *Acrius prohibenda civilia bella quàm in superatos iracundia exercenda*

gnorer qu'en cherchant tous les complices. C'est cette politique, autant que sa bonté, son humanité, qui inspira à Antonin ces belles paroles aux magistrats, qui le pressaient de poursuivre et de punir tous les citoyens qui avaient eu part à la conjuration d'Attilius : *Je ne suis pas bien aise qu'on voie qu'il y a tant de gens qui ne m'aiment pas.*

Je ne puis m'empêcher de transcrire ici le passage que l'*anti-fédéraliste* a cité de Montesquieu, et qui est si bien à l'ordre du jour. On verra que le génie de César ne travaillait pas mieux que la sottise de nos *ultra-révolutionnaires* à faire détester la république, et à frayer le chemin à la monarchie.

« Tous les gens qui avaient eu des projets ambitieux avaient conspiré à mettre le désordre dans la république. Pompée, Crassus et César y réussirent à merveille; et comme *les bons législateurs* cherchent à rendre leurs concitoyens meilleurs, ceux-ci cherchaient à les rendre pires. Ces premiers hommes de la république *cherchaient à dégoûter le peuple de son pouvoir, et à devenir nécessaires en rendant extrêmes les inconvéniens du gouvernement républicain.* Mais lorsqu'Auguste fut devenu le maître, il travailla à rétablir l'ordre, pour faire sentir le bonheur du gouvernement d'un seul. »

C'est alors qu'Octave sut rejeter habilement sur Antoine et Lépide l'odieux des proscriptions passées, et comme sa clémence présente appartenait à lui seul, ce fut cette clémence, dont il avait appris l'artifice de Jules-César, qui opéra la révolution, et décida, bien plus que Pharsale et Actium, de l'asservissement de l'univers, pour dix-huit siècles. On était las de voir couler le sang dans le Forum et autour de la tribune aux harangues, depuis les Gracques.

Tant d'exemples prouvent ce que je disais tout à l'heure, que la clémence distribuée avec sagesse est la mesure la plus révolutionnaire, la plus efficace, au lieu que la terreur n'est que le *Mentor d'un jour*, comme l'appelle si bien Cicéron : *Timor non diuturnus magister officii.* Ceux qui ont lu l'histoire savent que c'est la terreur seule du tribunal de *Jeffreys*, et de l'armée révolutionnaire que le major Kirch traînait à sa suite, qui amena la révolution de 1689. Jacques II appelait en riant la campagne de *Jeffreys* cette sanglante tournée de son tribunal ambulant. Il ne prévoyait pas que son détrônement terminerait la fin de cette campagne. Si on consulte la liste des morts, on verra que ce chancelier d'Angleterre, qui a laissé un nom si abominable, était un petit compagnon en comparaison du *général ministre* Ronsin, qu'on peut appeler, d'après son affiche, l'*Alexandre des bourreaux* (1).

(1) On sait que, dans la Vendée, Ronsin, comme le cardinal de Richelieu, se faisait appeler *général ministre*. Que sa fortune militaire ait tourné la tête à ce point à un général inconnu aux soldats, qui ne pouvait devoir les épaulettes étoilées qu'à son talent dramatique, et dont ce talent dramatique était si mince, que pas un de ses courtisans n'eût osé le comparer même à Pradon sans s'avouer un flagorneur, la chose se conçoit; la vanité et la bouffissure des prétentions étant presque toujours en raison inverse du mérite. Mais ce qui est inexplicable, c'est que celui qui, dans une affiche, dit qu'à Lyon (dont la population est de 140 mille âmes) 1500 seulement ne sont pas complices de la rébellion, et ESPÈRE *qu'avant la fin de frimaire, tous les complices*, et partant 138,500 personnes, *auront péri, et que le Rhône aura roulé leurs cadavres ensanglantés jusqu'à Toulon*, sans doute afin d'animer les Toulonnais à se battre en désespérés et à se faire tuer jusqu'au dernier sur des monceaux de nos volontaires, plutôt que d'ouvrir leurs portes à un Ronsin : ce qui est inconcevable, dis-je, c'est que cet exterminateur soit un d'Arnaud en moustaches, qui faisait des pièces sentimentales, et qui avait pris Louis XII et même Lafayette pour son héros. Voilà ce qu'on ne pourrait pas croire, si on ne savait pas qu'Alexandre de Phères, un des *tape-durs* de l'antiquité qui ait le plus fait pendre et brûler de gens, sanglotait à la représentation d'Iphigénie, et que les deux plus grands septembriseurs de

Citoyens collégues, il semble qu'un montagnard n'aurait point à rougir de proposer les mêmes moyens de salut public que Brutus et Thrasybule, surtout si l'on considère qu'Athènes se préserva de la guerre civile pour avoir suivi le conseil de Thrasybule, et que Rome perdit sa liberté pour avoir rejeté celui de Brutus. Cependant je me garde bien de vous présenter une semblable mesure. Arrière la motion d'une amnistie! Une indulgence aveugle et générale serait contre-révolutionnaire,

l'histoire moderne, Henri VIII et Charles IX, ont été deux faiseurs de livres. Avant de condamner le courageux Bourdon de l'Oise, qui a osé le premier dénoncer Georges Bouchotte, je demande que les Jacobins se fassent lire la lettre que Philippeaux a distribuée à la Convention, et celui-là ne pourra être qu'un patriote d'industrie, un patriote d'argent, un patriote contre-révolutionnaire, à qui cette lecture ne fera pas dresser les cheveux à la tête. Voici un des portraits que Philippeaux a burinés:

« Qu'a fait Ronsin, s'écrie-t-il, pour être général de l'armée
« révolutionnaire? beaucoup intrigué, beaucoup volé, beau-
« coup menti. Sa seule expédition est celle du 18 septembre,
« où il fit accabler 45 mille patriotes par trois mille brigands;
« cette journée fatale de Coron où, après avoir disposé notre artillerie dans une gorge, à la tête d'une colonne de six lieues de flanc, il se tint caché dans une étable, comme un lâche coquin, à deux lieues du champ de bataille où nos infortunés camarades étaient foudroyés par leurs propres canons.

du moins elle serait du plus grand danger et d'une impolitique évidente, non par la raison qu'en donne Machiavel, parce que « le prince doit ver- « ser sur les peuples le mal tout à la fois, et le « bien goutte à goutte, » mais parce qu'un si grand mouvement imprimé à la machine du gouvernement, en sens contraire à sa première impulsion, pourrait en briser les ressorts. Mais autant il y aurait de danger et d'impolitique à ouvrir la maison de suspicion aux détenus, autant l'établissement d'un *comité de clémence* me paraît une idée grande et digne du peuple français; effaçant de sa mémoire bien des fautes, puisqu'il en a effacé le temps même où elles furent commises, et qu'il a créé une nouvelle ère de laquelle seule il date sa naissance et ses souvenirs. A ce mot de comité de clémence, quel patriote ne sent pas ses entrailles émues? car le patriotisme est la plénitude de toutes les vertus, et ne peut pas conséquemment exister là où il n'y a ni humanité, ni philanthropie, mais une âme aride et desséchée par l'égoïsme. O! mon cher Robespierre! c'est à toi que j'adresse ici la parole; car j'ai vu le moment où Pitt n'avait plus que toi à vaincre, où sans toi le navire Argo périssait, la république entrait dans le chaos, et la société des Jacobins et la montagne devenaient une tour de Babel. O mon vieux camarade de collége! toi dont la postérité relira les discours éloquens! souviens-toi de ces leçons de l'histoire et de la philosophie : que l'amour est plus fort, plus durable que la crainte ; que l'admiration et la religion naquirent des bienfaits ; que les actes de clémence sont l'échelle du mensonge, comme nous disait Tertulien, par lesquels les membres des comités du salut public se sont élevés jusqu'au ciel, et qu'on n'y monta jamais sur des marches ensanglantées. Déjà tu viens de t'approcher beaucoup de cette idée dans la mesure que tu as fait décréter aujourd'hui, dans la séance du décadi 30 frimaire. Il est vrai que c'est plutôt *un comité de justice* qui a été proposé. Cependant pourquoi la clémence serait-elle devenue un crime dans la république? Prétendons-nous être plus libre que les Athéniens, le peuple le plus démocrate qui ait jamais existé, et qui avait élevé cet *autel à la miséricorde,* devant lequel le philosophe Demonax, plus de mille ans après, faisait encore prosterner les tyrans? Je crois avoir bien avancé la démonstration que la saine politique commande une semblable institution. Et notre grand professeur Machiavel, que je ne me lasse point de citer, regarde cet établissement comme le plus important et de première nécessité pour tout gouvernement, le souverain devant plutôt abandonner les fonctions de comité de sûreté générale que celles de comité de secours. *C'est à lui seul surtout*, recommande-t-il, *que le dépositaire de la souveraineté doit réserver la distribution des grâces, et tout ce qui concilie la faveur, laissant aux magistrats la disposition des peines, et tout ce qui est sujet aux ressentimens.*

Depuis que j'ai commencé mon cours de politique, dans le *Vieux Cordelier*, un si grand nombre de mes collégues m'a encouragé par des abonnemens, et m'a fait l'honneur d'assister à mes leçons, que, me trouvant au milieu de tant de députés, je me suis cru cette fois à la tribune même du peuple français. Fort des exemples de l'histoire et des autorités de Thrasybule, Brutus et Machiavel, j'ai transporté au journaliste la liberté d'opinion qui appartient au représentant du peuple à la Convention. J'ai exprimé par écrit mes sentimens sur le meilleur mode de révolutionner, et ce que la faiblesse de mon organe et mon peu de moyens oratoires ne me permet pas de développer si bien. Si ce mot de jubilé, que j'ai risqué pour ne pas être plus impitoyable que Moïse, qui cependant était un fier exterminateur, et une machine infernale du calibre de Ronsin ; si, dis-je, mon comité de clémence paraît à quelques-uns de mes collégues mal sonnant, et sentant le modérantisme, à ceux qui me reprocheront d'être modéré dans ce numéro 4, je puis répondre, par le temps qui court, comme faisait Marat, quand, dans un temps bien différent, nous lui reprochions d'avoir été exagéré dans sa feuille : *Vous n'y entendez rien ; eh ! mon dieu ! laissez-moi dire : on n'en rabattra que trop.*

LE VIEUX CORDELIER.

LE VIEUX CORDELIER,

JOURNAL RÉDIGÉ

Par Camille-Desmoulins,

DÉPUTÉ A LA CONVENTION, ET DOYEN DES JACOBINS,

VIVRE LIBRE OU MOURIR!

V.

Quintidi nivose, 1re décade, l'an II de la république, une et indivisible.

Grand Discours justificatif de Camille-Desmoulins aux Jacobins.

> Patriotes, vous n'y entendez rien. Eh! mon Dieu, laissez-moi dire; on n'en rabattra que trop.
> (*Mot de Marat.*)

FRÈRES ET AMIS,

Saint Louis n'était pas prophète, lorsqu'il se prenait d'une belle passion pour les Jacobins et les Cordeliers, deux ordres que l'histoire nous apprend qu'il chérissait d'une tendresse de père. Le bon sire ne prévoyait pas qu'ils donneraient leur nom à deux ordres bien différens, qui détrôneraient sa race, et seraient les fondateurs de la république française, une et indivisible. Après cet exorde insinuant et cet éloge qui n'est pas flatteur, et auquel vous avez tous part, j'espère qu'il me sera permis, dans le cours de cet écrit apologétique, de vous adresser quelques vérités qui seront moins agréables à certains membres.

Le vaisseau de la république vogue, comme j'ai dit, entre deux écueils, le modérantisme et l'éxagération. J'ai commencé mon Journal par une profession de foi politique qui aurait dû désarmer la calomnie : j'ai dit avec Danton, qu'*outrer la révolution avait moins de péril et valait mieux encore que de rester en deçà* ; que, dans la route que tenait le vaisseau, il fallait encore plutôt s'approcher du rocher de l'exagération, que du banc de sable du modérantisme. Mais voyant que le Père Duchesne, et presque toutes les sentinelles patriotes se tenaient sur le tillac, avec leur lunette, occupés uniquement à crier : Gare! vous touchez au modérantisme! il a bien fallu que moi, vieux Cordelier et doyen des Jacobins, je me chargeasse de la faction difficile, et dont aucun des jeunes gens ne voulait, crainte de se dépopulariser, celle de crier : Gare ! vous allez toucher à l'exagération ! et voilà l'obligation que doivent m'avoir mes collégues de la Convention, celle d'avoir sacrifié ma popularité même pour sauver le navire où ma cargaison n'était pas plus forte que la leur.

Pardon, frères et amis, si j'ose prendre encore le titre de *Vieux Cordelier*, après l'arrêté du *club* qui me défend de me parer de ce nom. Mais, en vérité, c'est une insolence si inouïe que celle de petits-fils se révoltant contre leur grand-père et lui défendant de porter son nom, que je veux plaider cette cause contre ces fils ingrats. Je veux savoir à qui le nom doit rester, ou au grand-papa, ou à des enfans qu'on lui a faits, dont il n'a jamais ni reconnu, ni même connu la dixième partie, et qui prétendent le chasser du paternel logis. O dieux hospitaliers ! je quitterai le nom de vieux Cordelier, quand nos pères profès du *district* et du *club* me le défendront ; quand à vous, messieurs les novices, qui me rayez sans m'entendre :

Sifflez-moi librement ; je vous le rends, mes frères.

Lorsque Robespierre a dit : *Quelle différence*

y a-t-il entre Le Pelletier et moi que la mort? il y avait de sa part bien de la modestie. Je ne suis pas Robespierre ; mais la mort, en défigurant les traits de l'homme, n'embellit pas son ombre à mes yeux, et ne rehausse pas l'éclat de son patriotisme à ce point de me faire croire que je n'ai pas mieux servi la république, même étant rayé des Cordeliers, que Le Pelletier dans le Panthéon: et puisque je suis réduit à parler de moi, non seulement pour donner du poids à mes opinions politiques, mais même pour me défendre, bientôt j'aurai mis le dénoncé et les dénonciateurs chacun à leur véritable place, malgré les *grandes colères* du père Duchesne, qui prétend, dit Danton, que *sa pipe ressemble à la trompette de Jéricho, et que, lorsqu'il a fumé trois fois autour d'une réputation, elle doit tomber d'elle-même.*

Il me sera facile de prouver que j'ai dû crier aux pilotes du vaisseau de l'État : Prenez garde ; nous allons toucher à l'exagération. Déjà Robespierre et même Billaud-Varennes avaient reconnu ce danger. Il restait au Journaliste à préparer l'opinion, à bien montrer l'écueil : c'est ce que j'ai fait dans les quatre premiers numéros.

Ce n'est pas sur une ligne détachée qu'il fallait

me juger. Il y a vingt phrases dans l'Évangile, dit Rousseau, tout en appelant son auteur *sublime et divin*, sur lesquelles M. le lieutenant de police *l'aurait fait pendre, en les prenant isolément et détachées de ce qui precède et de ce qui suit.* Ce n'est pas même sur un numéro, mais sur l'ensemble de mes numéros, qu'il faudrait me juger.

Je lis dans la feuille du Salut-Public, à l'article de la séance des Jacobins, primidi nivôse : « Ca-
« mille Desmoulins, dit Nicolas, frise depuis long-
« temps la guillotine ; et, pour vous en donner une
« preuve, il ne faut que vous raconter les démar-
« ches qu'il a faites au comité révolutionnaire de
« ma section, pour sauver un mauvais citoyen que
« nous avions arrêté par ordre du comité de sûre-
« té générale, comme prévenu de correspondance
« intime avec des conspirateurs, et pour avoir
« donné asile chez lui au traître Nantouillet. »

Vous allez juger, frères et amis, quel était ce scélérat que j'ai voulu sauver. Le citoyen Vaillant était accusé, de quoi ? vous ne le devineriez jamais : d'avoir *donné à dîner* dans sa campagne, à deux lieues de Péronne, à un citoyen résidant dans cette ville depuis quinze mois, y montant sa garde, y touchant ses rentes ; en un mot, ayant une possession d'état, et *de l'avoir invité à coucher chez lui.* N'est-ce pas là le crime ridicule dont parle Tacite? *Crime de contre-révolution de ce que votre fermier avait donné à coucher à un ami de Séjan.* Que dis-je? les amis de Séjan ayant été mis hors la loi, Tacite pouvait avoir tort de se récrier; mais ici c'est bien pis? Vaillant avait donné, il y avait plus d'un an, l'hospitalité, deux jours seulement, à un citoyen alors actif, à un citoyen qui, dans ce temps-là, n'était pas sur la liste des gens suspects. Il est vrai que ce citoyen s'appelle Nantouillet ; il est vrai que ce Nantouillet étant venu voir, en 1791 ou 1792, ce Vaillant qui, par parenthèse est un mien cousin, celui-ci ne l'a point mis à la porte, quoiqu'il fût un ci-devant. Mais, bon Dieu! sera-t-on un scélérat, un conspirateur, pour n'avoir pas chassé de sa maison un ci-devant noble, il y a deux ans? Si ce sont là des crimes, monsieur Nicolas, je plains ceux que vous jugez. J'ai vu André Dumont, qui n'est pourtant pas suspect de modérantisme, hausser les épaules de pitié de cette arrestation, et il a rendu la liberté au citoyen Vaillant. Si, moi, pour avoir demandé la liberté de mon parent emprisonné pour une telle pécadille, *je frise la guillotine,* que ferez-vous donc à André Dumont, qui l'a accordée? Et sied-il à un juré du tribunal révolutionnaire d'envoyer si légèrement à la guillotine?

Je ne puis retenir ma langue, et quelque danger qu'il y ait à avoir une rixe avec un juré du tribunal révolutionnaire, dénonciation pour dénonciation. En janvier dernier, j'ai encore vu M. Nicolas dîner avec une pomme cuite, et ceci n'est pas un reproche. (Plût à Dieu que dans une cabane, et ignoré au fond de quelque département, je fisse avec ma femme de semblables repas!) Voici ce qu'était alors le citoyen Nicolas. Dans les premières années de la révolution, comme Robespierre courait plus de dangers qu'aucun de nous, à cause que son talent et sa popularité étaient plus dangereux aux contre-révolutionnaires, les patriotes ne le laissaient pas sortir seul; c'était Nicolas qui l'accompagnait toute l'année, et qui grand et fort, armé d'un simple bâton, valait à lui seul une compagnie de muscadins. Comme tous les patriotes aiment Robespierre, comme, dans le fond, Nicolas est un patriote, et qu'il n'y a que la séduction du pouvoir et l'éblouissante nouveauté d'une si grande puissance entre ses mains, que celle de vie et de mort, qui peut lui avoir tourné la tête, nous l'avons nommé juré du tribunal révolutionnaire dont il est en même temps imprimeur. Or, et c'est par où je voulais conclure, sans me permettre aucune réflexion, croirait-on qu'à ce *sans-culotte*, qui vivait si sobrement en janvier, il est dû, en nivôse, plus de 150 mille francs, pour impressions, par le tribunal révolutionaire, tandis que moi, qu'il accuse, je n'ai pas accru mon pécule d'un denier. C'est ainsi que moi je suis un *aristocrate qui frise* la guillotine, et que Nicolas est un *sans-culotte* qui frise la fortune.

Défiez-vous, monsieur Nicolas, de l'intérêt personnel qni se glisse même dans les meilleures intentions. Parce que vous êtes l'imprimeur de Bouchotte, est-ce une raison pour que je ne puisse l'appeler *Georges* sans friser la guillotine ? J'ai bien appelé Louis XVI *mon gros benêt de roi*, en 1787, sans être embastillé pour cela. Bouchotte serait-il un plus grand seigneur ? Vous, Nicolas, qui avez aux Jacobins l'influence d'un compagnon, d'un ami de Robespierre ; vous qui savez que mes *intentions ne sont pas contre-révolutionnaires*, comment avez-vous cru les propos qu'on tient dans certains bureaux ? comment les avez-vous crus plutôt que les discours de Robespierre, qui m'a suivi presque depuis l'enfance, et qui, quelques jours auparavant, m'avait rendu ce témoignage que j'oppose à la calomnie : *qu'il ne connaissait pas un meilleur républicain que moi ; que je l'étais par instinct, par sentiment plutôt que par choix, et qu'il m'était même impossible d'être autre chose.* Citez-moi quelqu'un dont on ait fait un plus bel éloge ?

Cependant les *tape-durs* ont cru Nicolas plutôt que Robespierre ; et déjà, dans les groupes, on m'appelle un conspirateur. Cela est vrai, citoyens, voilà cinq ans que je conspire pour rendre la France républicaine, heureuse et florissante.

J'ai conspiré pour votre liberté bien avant le 12 juillet. Robespierre vous a parlé de cette tirade énergique de vers, avant-coureurs de la révolution. Je conspirais le 12 juillet, quand, le pistolet à la main, j'appelais la nation aux armes et à la liberté, et que j'ai pris, le premier, cette cocarde nationale que vous ne pouvez pas attacher à votre chapeau sans vous souvenir de moi. Mes ennemis, ou plutôt les ennemis de la liberté, car je ne puis en avoir d'autres, me permettent-ils de lire cette pièce justificative ?

« Alors parut Camille-Desmoulins ; il faut l'écouter lui-même : — Il était deux heures et demie ; je venais sonder le peuple. Ma colère contre les despotes était tournée en désespoir. Je ne voyais pas les groupes, quoique vivement émus ou consternés, assez disposés au soulèvement. Trois jeunes gens me parurent agités d'un plus véhément courage; ils se tenaient par la main. Je vis qu'ils étaient venus au Palais-Royal dans le même dessein que moi; quelques citoyens passifs les suivaient : — Messieurs, leur dis-je, voici un commencement d'attroupement civique ; il faut qu'un de nous se dévoue, et monte sur une table pour haranguer le peuple. — Montez-y. — J'y consens. — Aussitôt je fus plutôt porté sur la table que je n'y montai. A peine y étais-je, que je me vis entouré d'une foule immense. Voici ma courte harangue que je n'oublierai jamais :

« Citoyens ! il n'y a pas un moment à perdre. J'arrive de Versailles ; M. Necker est renvoyé : ce renvoi est le tocsin d'une Saint-Barthélemy de patriotes : ce soir tous les bataillons suisses et allemands sortiront du Champ-de-Mars pour nous égorger. Il ne nous reste qu'une ressource, c'est de courir aux armes et de prendre des cocardes pour nous reconnaître,

« J'avais les larmes aux yeux, et je parlais avec une action que je ne pourrais ni retrouver, ni peindre. Ma motion fut reçue avec des applaudissemens infinis. Je continuai : — Quelles couleurs voulez-vous ? — Quelqu'un s'écria : Choisissez.

— Voulez-vous le vert, couleur de l'espérance, ou le bleu de Cincinnatus, couleur de la liberté d'Amérique et de la démocratie? — Des voix s'élevèrent : Le vert couleur de l'espérance ! — Alors je m'écriai : Amis! le signal est donné : voici les espions et les satellites de la police qui me regardent en face. Je ne tomberai pas du moins vivant entre leurs mains. Puis, tirant deux pistolets de ma poche, je dis : Que tous les citoyens m'imitent ! Je descendis étouffé d'embrassemens ; les uns me serraient contre leurs cœurs ; d'autres me baignaient de leurs larmes : un citoyen de Toulouse, craignant pour mes jours, ne voulut jamais m'abandonner. Cependant on m'avait apporté un ruban vert; j'en mis le premier à mon chapeau, et j'en distribuai à ceux qui m'environnaient. »

Depuis, je n'ai cessé de conspirer, avec Danton et Robespierre, contre les tyrans. J'ai conspiré dans *la France libre*, dans le discours de *la Lanterne aux Parisiens*, dans les *Révolutions de France et de Brabant*, dans la *Tribune des Patriotes*. Mes huit volumes in-8°. attestent toutes mes conspirations contre les aristocrates de toute espèce, les Royalistes, les Feuillans, les Brissotins, les Fédéralistes. Qu'on mette les scellés chez moi, et on verra quelle multitude de suffrages, les plus honorables qu'un homme puisse recevoir, m'est venue des quatre parties du monde.

Qu'on parcourre mes écrits, mes opinions, mes appels nominaux, je défie qu'on me cite une seule phrase dans ces huit volumes où j'aie varié dans les principes républicains, et dévié de la ligne de la *Déclaration des droits*. Depuis Necker et le système des deux chambres, jusqu'a Brissot et au fédéralisme, qu'on me cite un seul conspirateur dont je n'aie levé le masque bien avant qu'il ne fût tombé. J'ai toujours eu six mois, et même dix-huit mois d'avance sur l'opinion publique. Je les ai encore ces six mois d'avance; et j'ajourne à un temps moins éloigné votre changement d'opinion sur mon compte. Où avez-vous pris vos actes d'accusation contre Bailly, Lafayette, Malouet, Mirabeau, les Lameth, Pétion, d'Orléans, Sillery, Brissot, Dumouriez, sinon dans ce que j'avais conjecturé long-temps auparavant dans mes écrits, que le temps a confirmés depuis? Et je vous l'ai déjà dit, ce à quoi personne ne fait attention en ce moment, mais qui, bien plus que mes ouvrages, m'honorera auprès des républicains dans la postérité, c'est que j'avais été lié avec la plupart de ces hommes que j'ai dénoncés, et que je n'ai cessé de poursuivre du moment qu'ils ont changé de parti; c'est que j'ai été plus fidèle à la patrie qu'à l'amitié : c'est que l'amour de la république a triomphé de mes affections personnelles ; et il a fallu qu'ils fussent condamnés pour que je leur tendisse la main, comme à Barnave.

Il est bien facile aux patriotes du 10 août, aux patriotes de la troisième ou quatrième, je ne dis pas réquisition, mais perquisition, aujourd'hui que l'argent et les places éminentes sont presque une calamité, de se parer de leur incorruptibilité d'un jour. Necker, à l'apogée de sa gloire, et après son deuxième rappel, a-t-il cherché à les séduire, comme moi, dans l'affaire des boulangers? Lafayette, dans les plus beaux jours de sa fortune, les a-t-il fait applaudir par ses aides-de-camp, quand ils sortaient de chez lui, et traversaient son antichambre? Ont-ils été environnés, à Bellechasse, de piéges glissans et presque inévitables? A-t-on tenté leurs yeux par les charmes les plus séduisans, leurs mains par l'appât d'une riche dot, leur ambition par la perspective du ministère, leur paresse par celle d'une maison délicieuse dans les Pyrénées? Les a-t-on mis à une épreuve plus difficile, celle de renoncer à l'amitié de Barnave et des Lameth, et de s'arracher à celle de Mirabeau que j'aimais à l'idolâtrie et comme une maîtresse? A tous ces avantages ont-ils préféré la fuite et les décrets de prise de corps? Ont-ils été obligés de condamner tant de leurs amis avec qui ils avaient commencé la révolution.

O peuple! apprends à connaître tes vieux amis, et demande aux nouveaux qui m'accusent s'il se trouve un seul parmi eux qui puisse produire tant de titres à la confiance?

Mon véritable crime, je n'en doute pas, c'est qu'on sait que j'ai dit, qu'avant dix numéros, j'aurais démasqué encore une fois tous les traîtres, les nouveaux conspirateurs, et la cabale de Pitt qui craint les révélations de mon journal. On n'ose se mesurer avec le vieux Cordelier, qui a repris sa plume polémique signalée par tant de victoires sur tous les conspirateurs passés, et on a pris le parti le plus court de me faire des querelles d'allemand, et de reproduire des dénonciations usées, et que Robespierre vous a fait mettre sous les pieds. Mais voyons quels sont les prétextes de cet acharnement contre moi.

Des hommes, mes ennemis à découvert, et en secret ceux de la république, ne savent que me reprocher éternellement, depuis cinq mois, d'avoir défendu Dillon. Mais si Dillon était si coupable, que ne le faisiez-vous donc juger? Pourquoi ne veut-on voir qu'un général que j'ai défendu, et ne regarde-t-on pas cette foule de généraux que j'ai accusés? Si c'était un traître que j'eusse voulu défendre, pourquoi aurais-je accusé ses complices?

Si l'on veut que je sois criminel pour avoir défendu Dillon, il n'y a pas de raison pour que Robespierre ne soit pas criminel aussi pour avoir pris la défense de Camille-Desmoulins qui avait pris la défense de Dillon. Depuis quand est-ce un crime d'avoir défendu quelqu'un? Depuis quand l'homme est-il infaillible et exempt d'erreurs?

Collot-d'Herbois lui-même qui, sans me nommer, est tombé sur moi avec une si lourde raideur, à la dernière séance des Jacobins, et qui, à propos du suicide de Gaillard, s'est mis en scène, et a fait une vraie tragédie pour exciter contre moi les passions des tribunes, où l'on avait payé, ce jour-là, des places jusqu'à 25 livres, tant M. Pitt mettait d'importance à l'expulsion de la société des quatre membres dénoncés, Fabre d'Églantine, Bourdon de l'Oise, Philippeaux et moi; Collot-d'Herbois ne s'était-il pas trompé lui-même sur un général qui a livré Toulon? sur *Brunet.* N'a-t-il pas défendu *Proly?* Si je voulais user de représailles contre Collot, je n'aurais qu'à laisser courir ma plume, armée de faits plus forts que sa dénonciation. Mais j'immole à la patrie mes ressentimens de la violente sortie de Collot contre moi : nous ne sommes pas trop forts, tous les vrais patriotes ensemble, et serrés les uns contre les autres, pour faire tête à l'aristocratie, canonnant et livrant des batailles autour des frontières, et au faux patriotisme ou plutôt à la même aristocratie, plus lâche, cabalant et intrigaillant dans l'intérieur. J'ai eu le tort, et on m'a fait le reproche juste, d'avoir trop écouté l'amour-propre blessé, et d'avoir pincé trop au vif un excellent patriote, notre cher Legendre : je veux montrer que je ne suis pas incorrigible, en renonçant aujourd'hui à des représailles bien légitimes. J'avertis seulement Collot d'être en garde contre les louanges *perfides* et *exclusives*, et de rejeter avec mépris, comme a fait Robespierre, celles de ce Père Duchesne, des lèvres de qui tout Paris a remarqué qu'il ne découlait que du sucre et du miel, qui n'avait que *des joies*, dont les juremens même étaient flûtés et doucereux, depuis le retour de Danton, et qui tout à coup, à l'arrivée de Collot-d'Herbois, reprend ses moustaches, *ses colères*, et ses grandes dénonciations contre les vieux Cordeliers, et ne craint pas de s'écrier indiscrètement : *Le géant est arrivé, il va terrasser les pygmées.* La publicité de ce mot, qui ne pourrait point dépopulariser, mais seulement ridiculiser celui qui en est l'objet, s'il n'avait pas désavoué cette flagornerie d'Hébert, qui cherche à se retirer sous le canon de Collot ; cette publicité sera la seule petite piqûre d'amour-propre à amour-propre que je me permettrai de faire à mon collégue. Je saurai toujours distinguer entre le Pére Duchesne et le bon père Gérard, entre Collot-Châteauvieux et Hébert *Contre-marqne*.

Voilà à propos de Dillon une bien longue parénthèse, tandis que, pour ma justification, j'avais seulement à observer que les meilleurs patriotes n'étaient pas exempts de prévention ; que Collot-d'Herbois lui-même avait défendu des gens plus suspects que Dillon ; bien plus, je pose en fait qu'il n'est pas un député à la montagne à qui on ne puisse reprocher quelque erreur et son Dillon.

Pardon, mes chers souscripteurs, mais croiriez-vous que je ne suis pas encore bien convaincu que ce général, qu'on ne cesse de me jeter aux jambes, soit un traitre?

Voilà six mois que je m'abstiens de parler de lui ni en bien, ni en mal Je me suis contenté de communiquer à Robespierre, il y a trois mois, la note qu'il m'avait fait passer sur Carteaux. Eh bien! la trahison de Carteaux vient de justifier cette note.

Ici remarquez, qu'il y a quatre semaines, Hébert a présenté aux Jacobins un soldat qui est venu faire le plus pompeux éloge de Carteaux, et décrier nos deux Cordeliers, *Lapoype* et ce *Fréron*, qui est venu pourtant à bout de prendre Toulon, en dépit de l'envie et malgré les calomnies; car Hébert appelait Fréron comme il m'appelle, un *ci-devant patriote*, un *muscadin*, un *Sardanapale*, un *viédasse*. Remarquez, citoyens, que depuis deux mois le *patriote* Hébert n'a cessé de diffamer Barras et Fréron, de demander leur rappel au comité de salut public et de prôner Carteaux, sans qui Lapoype aurait peut-être repris Toulon, il y a six semaines, lorsque ce général s'était déjà emparé du fort Pharon. Remarquez que c'est lorsque Hébert a vu qu'il ne pouvait venir à bout d'en imposer à Robespierre sur le compte de Fréron, parce que Robespierre connaît les vieux

Cordeliers, parce qu'il connaît Fréron, comme il me connaît; remarquez que c'est alors qu'est venue au comité de salut public, on ne sait d'où, cette fausse lettre signée *Fréron* et *Barras*; cette lettre qui ressemble si fort à celle qu'on a fait parvenir, il y a deux jours, à la section des Quinze-Vingts, par laquelle il semblait que d'Églantine, Bourbon de l'Oise, Philippeaux et moi voulions soulever les sections. Oh! mon cher Fréron, c'est par ces artifices grossiers que les patriotes du 10 août minent les piliers de *l'ancien district* des Cordeliers. Tu écrivais, il y a dix jours, à ma femme : « Je ne rêve qu'à Toulon, ou j'y périrai « ou je le rendrai à la république; je pars. La canon- « nade commencera aussitôt mon arrivée; nous al- « lons gagner un laurier ou un saule : préparez-moi « l'un ou l'autre. » Oh! mon brave Fréron, nous avons pleuré de joie tous les deux en apprenant ce matin la victoire de la république, et que c'était avec des lauriers que nous irions au-devant de toi, et non pas avec des saules au-devant de ta cendre. C'est en montant le premier à l'assaut avec Salicetti et le digne frère de Robespierre, que tu as répondu aux calomnies d'Hébert. C'est donc à Paris comme à Marseille! Je vais citer tes paroles, parce que celles d'un triomphateur auront plus de poids que les miennes : Tu nous écris dans cette même lettre : « Je ne sais pas si Camille voit comme « moi, mais il me semble qu'on veut pousser la « société populaire au-delà du but, et leur faire « faire, sans s'en douter, la contre-révolution par « des mesures ultra-révolutionnaires. La discorde » secoue ses torches parmi les patriotes. Des « hommes ambitieux, qui veulent s'emparer du « gouvernement, font tous leurs efforts pour noir- « cir les hommes les plus purs, les hommes à « moyens et à caractère, les patriotes de la pre- « mière fournée : ce qui vient de se passer à Mar- « seille en est une preuve. » Eh quoi! mon pauvre Martin, tu étais donc poursuivi à la fois par les Pères Duchesnes de Paris et des Bouches-du-Rhône? Et sans le savoir, par cet instinct qui n'égare jamais les vrais républicains, à deux cents lieues l'un de l'autre, moi avec mon écritoire, toi avec ta voix sonore, nous faisions la guerre aux mêmes ennemis! Mais il faut rompre avec toi ce colloque, et revenir à ma justification.

Il faut que je le répète pour la centième fois, puisqu'on m'en a absous inutilement quatre-vingt-dix-neuf; il n'est pas vrai de dire que j'ai défendu Dillon; j'ai demandé qu'on le jugeât; et n'est-il pas évident que si on pouvait accuser quelqu'un de le défendre, ce serait plutôt ceux qui n'ont pas demandé, comme moi, qu'il fût jugé. Ainsi tombe d'abord l'éternelle dénonciation contre Camille-Desmoulins. Quel doit être, dans le sac de mon adversaire, le déficit des pièces contre moi, puisqu'ils sont réduits à me reprocher éternellement d'avoir défendu un général à qui on ne peut contester de grands services à la côte de Biesme!

La plus courte justification ennuie. Pour soutenir l'attention, je tâche de mêler la mienne de traits de satire, qui ne fassent qu'effleurer le patriote, et percent de part en part le contre-révolutionnaire déguisé sous le rouge bonnet que ma main jette à bas. Au sortir de la Convention je retourne au *Vieux Cordelier;* et, selon que je suis affecté de la séance, une teinte de gaîté ou de tristesse se répand sur la page que j'écris et sur ma correspondance avec mes abonnés. Barère aujourd'hui a rembruni mes idées, et mon travail de ce soir se sentira de ma mélancolie.

Est-il donc possible qu'on ait dirigé contre moi un rapport dont le décret présentait absolument mes conclusions? C'était tellement mes conclusions, que Robespierre a fait passer à l'ordre du jour sur ce projet de décret, comme ressemblant trop à mon comité de clémence. Convenez, mes chers collègues, que j'ai eu du moins le courage d'ouvrir là une discussion grande, et que l'honneur de l'assemblée nationale demandait qu'elle abordât. J'aurai eu le mérite d'avoir fait luire le premier un rayon d'espoir aux *patriotes* détenus. Les maisons de suspicion ne ressembleront plus, jusqu'à la paix, à l'enfer de Dante, où *il n'y a point d'espérance*. N'eussé-je fait que ce bien, je méritais de Barère plus de ménagemens, et qu'il ne frappât point si fort. Au demeurant, le plus grand honneur qu'on pût faire à mon journal était assurément cette censure du comité de salut public, et le décret qui en ordonne l'insertion au bulletin. C'est donner à ma plume une grande importance. Un jour la postérité jugera entre les *suspects* de Barère et les *suspects* de Tacite. Provisoirement les patriotes vont être contens de moi; car, après cette censure solennelle du comité de salut public, j'ai fait comme Fénélon, montant en chaire pour publier le bref du pape, qui condamnait *les Maximes des Saints*, et les lacérant lui-même, je suis prêt à brûler mon numéro 3; et déjà j'ai défendu à Desenne de le réimprimer, au moins sans le cartonner.

Comme le comité de salut public n'a pas dédaigné de réfuter mon numéro 4, pour éclairer tout à fait sa religion, je lui dois le rétablissement d'un fait, sur lequel son rapporteur a altéré Thucydide: j'en demande pardon à Barère.

Mais assurément Athènes ne jouissait pas *d'une paix profonde*, quand Thrasybule fit prononcer dans l'assemblée générale du peuple que personne ne serait inquiété ni poursuivi, hors les trente tyrans. Ces trente tyrans étaient à peu près à la population d'Athènes, qui ne se composait guère que de vingt mille citoyens, comme nos aristocrates prononcés sont à notre population de vingt-cinq millions d'hommes. L'histoire dit positivement que ce sage décret mit fin aux dissensions civiles, réunit tous les esprits, et valut à Thrasybule le surnom de *restaurateur de la paix*.

Au reste, Barère a terminé une critique amère de l'ouvrage par un hommage public au patriotisme de l'auteur. Mais, dans sa nomenclature des gens suspects, et à l'occasion de sa remarque judicieuse, que ceux-là l'étaient véritablement qui, au lieu de ressentir de la joie de la prise de Toulon, présentaient une mine allongée, Barère pouvait me rendre un autre témoignage. Il aurait pu dire que ce jour-là même, me trouvant à dîner avec lui, je lui avais dit : « Voilà les hommes vraiment « suspects; voilà ceux à l'arrestation desquels je

« serais le premier à applaudir, ceux que cette
« conquête de Toulon a attristés ou seulement
« laissés tout de glace, et non pas, comme je l'ai
« lu dans une certaine dénonciation, M. tel, *parce
« qu'il est logé luxurieusement.* »

Que pensera le lecteur impartial de voir Barère, je ne dis pas s'emparer de mon idée, et s'en faire honneur à la tribune de la Convention mais à ce plagiat joindre la petite malice de publier à la tribune que je n'admettais point de gens suspects. Si Barère m'avait cité, si au moins il avait dit que je partageais son opinion, les républicains les plus soupçonneux auraient vu que moi aussi je voulais des maisons de suspicion, et que je ne différais d'opinion que sur le signalement des suspects. Mais je le vois, Barère a craint la grande colère du Père Duchesne, et la dénonciation itérative de *M. de Vieux-Sac*, et dans son rapport, il a ouvert la main toute entière pour la satire, et le petit doigt seulement pour l'éloge.

Où les diviseurs de la montagne veulent-ils nous mener par les calomnies qu'ils chuchotent aux oreilles des patriotes? Quelle est cette perfidie de s'accrocher à une phrase de mon numéro 4, de la détacher de l'amendement et de la note qui y est jointe? Y a-t-il une mauvaise foi plus coupable? Déjà on ne se reconnaît plus à la montagne. Si c'était un vieux Cordelier comme moi, un patriote *rectiligne*, Billaud-Varennes, par exemple, qui m'eût gourmandé si durement, *sustinuissem utique*, j'aurais dit : C'est le soufflet du bouillant saint Paul au bon saint Pierre qui avait péché! Mais toi, mon cher Barère! toi, l'heureux *tuteur de Paméla!* toi *le président des Feuillans!* qui as *proposé le comité des douze*, toi qui, le 2 juin, mettait en délibération dans le comité de salut public, si l'on n'arrêterait pas Danton! toi, dont je pourrais relever bien d'autres fautes, si je voulais feuiller le *Vieux-sac*, que tu deviennes tout-à-coup un *passe-Robespierre*, et que je sois par toi colaphisé si sec! J'avoue que ce soufflet m'a fait voir trente-six chandelles, et que je me frotte encore les yeux. Quoi! c'est toi qui m'accuse de modérantisme! quoi! c'est toi, camarade montagnard du 3 juin, qui donne à Camille-Desmoulins un brevet de civisme! sans ce certificat, j'allais passer pour un modéré. Que vois-je? Je parle de moi, et déjà dans les groupes, c'est Robespierre même qu'on ose soupçonner de modérantisme. Oh! la belle chose que de n'avoir point de principes, que de savoir prendre le vent, et qu'on est heureux d'être une girouette!

Citoyens, remarquez bien tous ceux qui m'accusent de peccadilles, et je gage que, dans leur vie, vous trouverez de semblables erreurs, de ces erreurs lourdes que je ne leur ai pourtant jamais reprochées, par amour de la concorde et de l'union, moi qu'on accuse de noircir les patriotes. Je vous rends aussi justice, Barère; j'aime votre talent, vos services, et je proclame aussi votre patriotisme; quant à vos torts, Robespierre vous en a donné l'absolution, et je ne suis point appelant, comme M. Nicolas, du jugement de Robespierre. Mais quel est le reptile si rampant, qui, lorsqu'on lui marche dessus, ne se relève et ne morde? Et la république ne peut exiger de moi de tendre l'autre joue.

Tout cela n'est qu'une querelle de ménage avec mes amis les patriotes Collot et Barère; mais je vais être à mon tour b......... en colère contre le Père Duchesne qui m'appelle « un misérable intrigailleur, un viédase à mener à la guillotine, un conspirateur qui veut qu'on ouvre toutes les prisons pour en faire une nouvelle Vendée; un endormeur payé par Pitt, un bourriquet à longues oreilles. » *Attends-moi, Hébert; je suis à toi dans un moment.* Ici ce n'est pas avec des injures grossières et des mots que je vais t'attaquer;

c'est avec des faits. Je vais te démasquer comme j'ai démasqué Brissot, et faire la société juge entre toi et moi.

« Le rayon d'espérance que j'ai fait luire au fond des prisons aux patriotes détenus, l'image du bonheur à venir de la république française, que j'ai présenté à l'avance et par anticipation à mes lecteurs, et le seul nom de *comité de clémence* que j'ai prononcé, à tort si l'on veut, pour le moment, ce mot seul, a-t-il fait sur toi, Hébert, l'effet du fouet des furies? n'as-tu donc pu supporter l'idée que la nation fût un jour heureuse et un peuple de frères? Puisqu'à ce mot de clémence, que j'avais pourtant si fort amendé, en ajoutant: *Arrière la pensée d'une amnistie, arrière l'ouverture des prisons*, te voilà *à te manger le sang, à entrer dans une colère de bougre*, à tomber en syncope, et à en perdre la raison au point de me dénoncer si ridiculement aux Jacobins, pour *avoir épousé*, dis-tu, *une femme riche*.

« Je ne dirai qu'un mot de ma femme. J'avais toujours cru à l'immortalité de l'âme. Après tant de sacrifices d'intérêts personnels que j'avais faits à la liberté et au bonheur du peuple, je me disais, au fort de la persécution: Il faut que les récompenses attendent la vertu ailleurs. Mais mon mariage est si heureux, mon bonheur domestique si grand, que j'ai craint d'avoir reçu ma récompense sur la terre, et j'avais perdu ma démonstration de l'immortalité. Maintenant tes persécutions, ton déchaînement contre moi, et tes lâches calomnies, me rendent toute mon espérance.

Quant à la fortune de ma femme, elle m'a apporté quatre mille livres de rentes, ce qui est tout ce que je possède. Dans cette révolution où, je puis le dire, j'ai joué un assez grand rôle, où j'ai été un écrivain polémique, recherché tour-à-tour par tous les partis qui m'ont trouvé incorruptible, où, quelque temps avant le 10 août, on a marchandé jusqu'à mon silence, et fort chèrement; eh bien! dans cette révolution où depuis j'ai été successsivement secrétaire-général du département de la justice, et représentant du peuple à la Convention, ma fortune ne s'est pas accrue d'un sou. Hébert pourrait-il en dire autant?

Est-ce toi qui oses parler de ma fortune, toi que tout Paris a vu, il y a deux ans, receveur des contre-marques, à la porte des Variétés dont tu as été *rayé*; pour cause dont tu ne peux pas avoir perdu le souvenir? Est-ce toi qui oses parler de mes quatre mille livres de rentes, toi qui, sans-culotte, et sous une méchante perruque de crin?

dans ta feuille hypocrite, dans ta maison loge aussi *luxurieusement qu'un homme suspect*, reçois *cent vingt mille livres* de traitement du ministre Bouchotte, pour soutenir les motions des Cloots, des Proly, de ton journal officiellement contre-révolutionnaire, comme je le prouverai.

Cent-vingt mille livres à ce pauvre sans-culotte Hébert, pour calomnier Danton, Lindet, Cambon, Thuriot, Lacroix, Philippeaux, Bourdon de l'Oise, Barras, d'Eglantine, Fréron, Legendre, Camille-Desmoulins, et presque tous les commissaires de la Convention! pour inonder la France de ses écrits, si propres à former l'esprit et le cœur! cent vingt mille francs!.. de Bouchotte!.. S'étonnera-t-on, après cela, de cette exclamation filiale d'Hébert, à la séance des Jacobins: « Oser attaquer Bouchotte! (oser l'appeler Georges!) Bouchotte à qui on ne peut reprocher la plus légère faute! Bouchotte qui a mis à la tête des armées des généraux sans-culotte, Bouchotte le patriote le plus pur! » Je suis surpris que dans le transport de sa reconnaissance, le Père Duchesne ne se soit pas écrié : *Bouchotte qui m'a donné cent vingt mille livres depuis le mois de juin!*

Quel sera le mépris des citoyens pour cet impudent Père Duchesne, quand, à la fin de ce numéro 5, ils apprendront par une note, levée sur les registres de la trésorerie, que le cafard qui me reproche de distribuer *gratis* un journal que tout Paris court acheter, a reçu, en un seul jour d'octobre dernier, soixante mille francs de *Mecenas* Bouchotte pour six cent mille numéros, et que, par une addition facile, le lecteur verra que le *fripon* d'Hébert *a volé*, ce jour-là seul, quarante mille francs à la nation.

Déjà quelle a dû être l'indignation de tout patriote qui a un peu de mémoire, et qui réfléchit, quand parce que j'ai, dans mon journal, réclamé *la liberté de la presse* pour les écrivains, *la liberté des opinions* pour les députés, c'est-à-dire les premiers principes de *la Déclaration des droits*, il a vu Hébert jeter les hauts cris contre moi, lui, cet effronté ambitieux qui, au moment où un enchaînement de victoires ne ralentissait pas le mouvement révolutionnaire, au moment où la nécessité des mesures révolutionnaires était sentie de tous les patriotes, il y a deux mois, a osé, dans sa feuille, *réclamer la constitution,* et demander *qu'on organisât le conseil exécutif, aux termes de l'acte constitutionnel,* parce qu'il lui semblait qu'il ne pouvait manquer que d'être un des vingt-quatre membres!

Que tu aies reçu de Bouchotte en un seul jour, au mois d'octobre, soixante mille francs pour crier dans ta feuille aux quatre coins de la France : *Psaphon est un Dieu*, et pour calomnier Danton, c'est la moindre de tes infamies. Tes numéros et tes contradictions à la main, je suis prêt à prouver que tu es un *avilisseur du peuple français et de la Convention*, et un *scélérat*, déjà aux yeux des patriotes et des clairvoyans non moins démasqué que Brissot, dont les agens de Pitt t'avaient fait le continuateur, et entrepreneur de contre-révolution par un autre extrême, lorsque Pitt, Calonne et Luchésini, voyant les Girondins usés, ont voulu essayer s'ils ne pourraient pas faire, par la sottise et l'ignorance, cette contre-révolution qu'ils n'avaient pu faire avec tant de gens d'esprit, depuis Malouet jusqu'à Gensonné. Je n'ai pas besoin de me jeter dans ces recherches. Toi qui me parles de mes sociétés, crois-tu que j'ignore que tes sociétés c'est une femme *Rochechouart*, agente des émigrés, c'est le banquier Kocke, chez qui toi et ta Jacqueline vous passez à la campagne les beaux jours de l'été ? Penses-tu que j'ignore que c'est avec l'intime de Dumouriez, le banquier hollandais Kocke, que le grand patriote Hébert, après avoir calomnié dans sa feuille les hommes les plus purs de la république, allait dans sa grande joie, lui et sa Jacqueline, boire le vin de Pitt et porter des toasts à la ruine des réputations des fondateurs de la liberté? Crois-tu que je n'aie pas remarqué qu'en effet tu n'as jamais sonné le mot de tel député, lorsque tu tombais à bras raccourcis sur Chabot et Basire? Crois-tu que je n'aie pas deviné que tu n'as jeté les hauts cris contre ces deux députés que parce que, après avoir été attirés, sans s'en douter peut-être, dans la conspiration de tes ultra-révolutionnaires, bientôt, à la vue des maux qui allaient déchirer la patrie, ayant reculé d'horreur, ayant paru chanceler, ayant combattu même quelques projets de décrets, qui n'étaient pourtant que les précurseurs éloignés des motions liberticides que tu préparais toi et tes complices, tu t'es empressé de prévenir Basire et Chabot, et de les perdre avant que tu ne fusses perdu par eux? Crois-tu qu'on ne m'a pas raconté qu'en 1790 *et* 1791 *tu as persécuté Marat.* Tu as écrit pour les aristocrates; tu ne le pourras nier, tu serais confondu par les témoins? Crois-tu enfin que je ne sache pas positivement que tu as trafiqué de la liberté des citoyens, et que je ne me souvienne pas de ce qu'un de mes collègues a dit à moi et à plus de vingt députés, que tu avais reçu une forte somme pour l'élargissement, je ne sais pas bien si c'était d'un émigré ou d'un prisonnier, et que depuis, une personne, témoin de ta vénalité, t'avait menacé de la révéler si tu t'avisais de maltraiter encore Chabot dans tes feuilles, fait que le représentant du peuple Chaudron Rousseau nous a même assuré qu'il allait déposer au comité de surveillance? Ce sont là des faits autrement graves que ceux que tu m'imputes.

Regarde ta vie, depuis le temps où tu étais un respectable frater à qui un médecin de notre connaissance faisait faire des saignées pour douze sous, jusqu'à ce moment où, devenu notre médecin politique, et le docteur *Sangrado* du peuple français, tu lui ordonnes des saignées si copieuses, moyennant 120 mille livres de traitement que te donne Bouchotte : regarde ta vie entière, et ose dire à quel titre tu te fais ainsi l'arbitre des réputations aux Jacobins?

Est-ce à titre de tes anciens services? Mais quand Danton, d'Églantine et Paré, nos trois anciens présidens permanens des Cordeliers (*du district* s'entend), soutenaient un siége pour Marat; quand Thuriot assiégeait la Bastille; quand Fréron faisait l'*Orateur du Peuple*; quand moi, sans craindre les assassins de Loustalot et les sentences de Talon, j'osais, il y a trois ans, défendre presque seul l'*ami du peuple* et le proclamer le divin Marat; quand tous ces vétérans que tu calomnies aujourd'hui, se signalaient pour la cause populaire, où étais-tu alors, Hébert? Tu distribuais tes contre-marques, et on m'assure que les directeurs se plaignaient de la recette (1). On m'assure que tu t'étais même opposé, aux Cordeliers, à l'insurrection du 10 août. On m'assure...., ce qui est certain, ce que tu ne pourras nier, car il y a des témoins, c'est qu'en 1790 et 1791 tu *dénigrais*, tu *poursuivais Marat*; que tu as prétendu, après sa mort, qu'il t'avait laissé son manteau, dont tu t'es fait tou-tà-coup le disciple Élisée, et le légataire universel. Ce qui est certain, c'est

---

(1) On disait un jour à un des acteurs du théâtre de la République, que le père Duchesne était près d'entrer en colère contre eux : « J'ai peine à le croire, répondit celui-ci : *nous avons la preuve dans nos registres qu'il nous a volés avant qu'il fût procureur de la commune.* Il faut faire supprimer ces registres, père Duchesne : il faut faire ta cour au théâtre de la République, et je ne m'étonne plus de ta grande colère contre la Montansier, dans un de tes derniers numéros, et que tu nous aies fait un éloge si pompeux, si exclusif du théâtre où tu as fait tes premières armes.

qu'avant de t'efforcer de voler ainsi la succession de popularité de Marat, tu avais dérobé une autre succession, celle d'un Père Duchesne qui n'était pas Hébert; car ce n'est pas toi qui faisais, il y a deux ans, le Père Duchesne; je ne dis pas *la Trompette du Père Duchesne*, mais le *véritable Père Duchesne*, le *memento Maury*. C'était un autre que toi, dont tu as pris les noms, armes et juremens, et dont tu t'es emparé de toute la gloire, selon ta coutume. Ce qui est certain, c'est que tu n'étais pas avec nous, en 1789, dans le cheval de bois; c'est qu'on ne t'a point vu parmi les guerriers des premières campagnes de la révolution; c'est que, comme les goujats, tu ne t'es fait remarquer qu'après la victoire, où tu t'es signalé en dénigrant les vainqueurs, comme Thersite, en emportant la plus forte part du butin, et en faisant chauffer ta cuisine et tes fournaux de calomnies avec les cent vingt mille francs et la braise de Bouchotte (1).

---

(1) « On me calomnie, » disait l'autre jour Bouchotte au comité de salut public. — *Du moins*, lui répondit Danton, ce n'est pas la république qui paie 120 mille francs depuis le mois de juin pour vous calomnier; du moins ce n'est pas le ministère qui s'est fait le colporteur des *calomnies* contre Bouchotte. La répartie était sans réplique. Cent vingt mille francs à Hébert pour louer Bouchotte! Pas si Georges, M. Bouchotte! Il n'est ma foi pas si Georges!

Serait-ce à titre d'écrivain et de bel esprit que tu prétends, Hébert, peser dans ta balance nos réputations? Est-ce à titre de journaliste que tu prétendrais être le dictateur de l'opinion aux Jacobins? Mais y a-t il rien de plus dégoûtant, de plus ordurier que la plupart de tes feuilles? Ne sais-tu donc pas, Hébert, que quand les tyrans d'Europe veulent avilir la république, quand ils veulent faire croire à leurs esclaves que la France est couverte des ténèbres de la barbarie, que Paris, cette ville si vantée par son atticisme et son goût, est peuplée de Vandales; ne sais-tu pas, malheureux, que ce sont des lambeaux de tes feuilles qu'ils insèrent dans leurs gazettes, comme si le peuple était aussi bête, aussi ignorant que tu voudrais le faire croire à M. Pitt; comme si on ne pouvait lui parler qu'un langage aussi grossier; comme si c'était là le langage de la Convention et du comité de salut public ; comme si tes saletés étaient celles de la nation; comme si un égoût de Paris était la Seine.

Enfin, serait-ce à titre de sage, de grand politique, d'homme à qui il est donné de gouverner les empires, que tu t'arroges de nous asservir à tes *ultra-révolutionnaires*, sans que même les représentans du peuple aient le droit d'énoncer leur opinion, à peine d'être chassés de la société?

Mais, pour ne citer qu'un seul exemple, ne sont-ce pas les trois ou quatre numéros qu'Hébert a publiés à la suite de la mascarade de la déprêtrisation de Gobel, qui sont, par leur impolitique stupide, la cause principale de tant de séditions religieuses et de meurtres, à Amiens, à Coulommiers, dans le Morbihan, l'Aisne, l'Ille-et-Vilaine? N'est-ce pas le *Père Duchesne*, ce politique profond qui, par ses derniers écrits, est la cause évidente que dans la Vendée, où les notifications officielles du 21 septembre annonçaient qu'il n'y avait plus que huit à dix mille brigands à exterminer, il a déjà fallu tuer plus de cent mille imbécilles de nouvelles recrues qu'Hébert a faites à Charrette et aux royalistes?

Et c'est ce vil flagorneur, aux gages de 120,000 livres, qui me reprochera les 4,000 livres de rente de ma femme! C'est cet ami intime des Kocke, des Rochechouart, et d'une multitude d'escrocs, qui me reproche mes sociétés! Ce politique sans vue, et le plus insensé des patriotes, s'il n'est pas le plus rusé des aristocrates, me reprochera mes écrits *aristocratiques*, dit-il, lui dont je démontrerai que les feuilles sont les délices de Coblentz et le seul espoir de Pitt!

Ce patriote nouveau sera le diffameur éternel

des vétérans ! Cet homme, rayé de la liste des garçons de théâtre pour vols, fera rayer de la liste des Jacobins, pour leur opinion, des députés, fondateurs immortels de la république ! Cet écrivain des charniers sera le législateur de l'opinion, le mentor du peuple français ! Un représentant du peuple ne pourra être d'un autre sentiment que ce grand personnage sans être traité de *viédase* et de *conspirateur payé par Pitt* ! O temps ! ô mœurs ! ô liberté de la presse, le dernier retranchement de la liberté des peuples, qu'êtes-vous devenus? ô liberté des opinions, sans laquelle il n'existerait plus de Convention, plus de représentation natio nale, qu'allez-vous devenir?

La société est maintenant en état de juger entre moi et mes dénonciateurs. Mes amis savent que je suis toujours le même qu'en 1789; que je n'ai pas eu depuis une pensée qui ne fût pour l'affermissement de la liberté, pour la prospérité, le bonheur du peuple français, le maintien de la république une et indivisible. Eh! de quel autre intérêt pourrais-je être animé dans le journal que j'ai entrepris, que du zèle du bien public? pourquoi aurais-je attiré contre moi tant de haines toutes-puissantes, et appelé sur ma tête des ressentimens implacables? Que m'ont fait à moi Hébert et tous ceux contre qui j'ai écrit? Ai-je reçu aussi 120,000 francs du trésor national pour calomnier? ou pense-t-on que je veuille ranimer les cendres de l'aristocratie? «Les modérés, les aristocrates, dit Barère, ne se rencontrent plus sans se demander : « Avez-vous lu le *Vieux Cordelier?* » Moi, le patron des aristocrates! des modérés! Que le vaisseau de la république, qui court entre les deux écueils dont j'ai parlé, s'approche trop de celui du *modérantisme*, on verra si j'aiderai la manœuvre; on verra si je suis un modéré! J'ai été révolutionnaire avant vous tous. J'ai été plus; j'étais un brigand, et je m'en fais gloire, lorsque, dans la nuit du 12 au 13 juillet 1789, moi et le général Danican nous faisions ouvrir les boutiques d'arquebusiers, pour armer les premiers bataillons des sans-culottes. Alors, j'avais l'audace de la révolution. Aujourd'hui, député à l'Assemblée nationale, l'audace qui me convient est celle de la raison, celle de dire mon opinion avec franchise. Je la conserverai jusqu'à la mort cette audace républicaine contre tous les despotes; et quoique je n'ignore pas la maxime de Machiavel, qu'il *n'y a point de tyrannie plus effrénée que celle des petits tyrans.*

Qu'on désespère de m'intimider par les terreurs et les bruits de mon arrestation qu'on sème autour de moi! Nous savons que des scélérats méditent un 31 mai contre les hommes les plus énergiques de la montagne. Déjà Robespierre en a témoigné ses pressentimens aux Jacobins; mais, comme il l'a observé, on verrait quelle différence il y a entre les Brissotins et la montagne. Les acclamations que la Convention a recueillies partout sur son passage le jour de la fête des Victoires, montrent l'opinion du peuple, et qu'il ne s'en prend point à ses représentans des taches que des étrangers se sont efforcés d'imprimer à la nation. C'est dans la Convention, dans le comité de salut public, et non dans Georges et les Géorgiens, que le peuple français espère. Mais toutes les fois que dans une république un citoyen aura, comme Bouchotte, 300 millions par mois, cinquante mille places à sa disposition, tous les intrigans, tous les oiseaux de proie s'assembleront nécessairement autour de lui. C'est là le siége du mal, et on sent bien que la peste elle-même, avec une liste civile si forte, se ferait mettre au Panthéon. C'est à la Convention à ne pas souffrir qu'on élève autel contre autel. Mais, ô mes collégues! je vous dirai comme Brutus à Cicéron : « Nous craignons trop la mort et l'exil, et la pauvreté. » *Nimiùm timemus mortem et exilium et pau-*

perlatem. Cette vie mérite-t-elle donc qu'un représentant la prolonge aux dépens de l'honneur ? Il n'est aucun de nous qui ne soit parvenu au sommet de la montagne de la vie. Il ne nous reste plus qu'à la descendre à travers mille précipices inévitables, même pour l'homme le plus obscur. Cette descente ne nous ouvrira aucuns paysages, aucuns sites qui ne se soient offerts mille fois plus délicieux à ce Salomon qui disait, au milieu de ses sept cents femmes, et en foulant tout ce mobilier de bonheur : « J'ai trouvé que les morts sont plus heureux que les vivans, et que le plus heureux est celui qui n'est jamais né. »

Eh quoi ! lorsque tous les jours les douze cents mille soldats du peuple français affrontent les redoutes hérissées des batteries les plus meurtrières, et volent de victoires en victoires, nous, députés à la Convention; nous, qui ne pouvons jamais tomber, comme le soldat, dans l'obscurité de la nuit, fusillé dans les ténèbres, et sans témoins de sa valeur; nous, dont la mort soufferte pour la liberté, ne peut être que glorieuse, solennelle, et en présence de la nation entière, de l'Europe et de la postérité, serions-nous plus lâches que nos soldats ? craindrons-nous de nous exposer, de regarder Bouchotte en face ? n'oserons-nous braver la grande colère du Père

Duchesne, pour remporter aussi la victoire que le peuple français attend de nous; la victoire sur les ultra-révolutionnaires comme sur les contre-révolutionnaires; la victoire sur tous les intrigans, tous les fripons, tous les ambitieux, tous les ennemis du bien public?

Malgré les diviseurs, que la montagne reste une et indivisible comme la république! ne laissons point avilir, dans sa troisième session, la représentation nationale. *La liberté des opinions ou la mort!* Occupons-nous, mes collègues, non pas à défendre notre vie comme des malades, mais à défendre la liberté et les principes, comme des républicains! Et quand même, ce qui est impossible, la calomnie et le crime pourraient avoir sur la vertu un moment de triomphe, croit-on que, même sur l'échafaud, soutenu de ce sentiment intime que j'ai aimé avec passion ma patrie et la république, soutenu de ce témoignage éternel des siècles, environné de l'estime et des regrets de tous les vrais républicains, je voulusse changer mon supplice contre la fortune de ce misérable Hébert, qui, dans sa feuille, pousse au désespoir vingt classes de citoyens, et plus de trois millions de Français, auxquels il dit anathème, et qu'il enveloppe en masse dans une proscription commune; qui, pour s'étourdir sur ses remords et ses calomnies, a besoin de se procurer une ivresse plus forte que celle du vin, et de lécher sans cesse le sang au pied de la guillotine? Qu'est-ce donc que l'échafaud pour un patriote, sinon le piédestal des Sidney et des Jean de Witt? Qu'est-ce, dans un moment de guerre où j'ai eu mes deux frères mutilés et hachés pour la liberté, qu'est-ce que la guillotine, sinon un coup de sabre, et le plus glorieux de tous, pour un député victime de son courage et de son républicanisme?

J'ai accepté, j'ai souhaité même la députation, parce que je me disais : Est-il une plus favorable occasion de gloire que la régénération d'un état prêt à périr par la corruption et les vices qui y règnent? Quoi de plus glorieux que d'y introduire de sages institutions, d'y faire régner la vertu et la justice; de conserver l'honneur des magistrats, aussi bien que la liberté, la vie et la propriété des citoyens, et de rendre sa patrie florissante? Quoi de plus heureux que de rendre tant d'hommes heureux? Maintenant, je le demande aux vrais patriotes, aux patriotes éclairés étions-nous aussi heureux que nous pouvons l'être, même en révolution?

J'ai pu me tromper; mais quand même je serais dans l'erreur, est-ce une raison pour qu'Hé-

bert se permette d'appeler un représentant du peuple *un conspirateur à guillotiner pour son opinion.* J'ai vu Danton et les meilleurs esprits de la Convention, indignés de ce numéro d'Hébert s'écrier : « Ce n'est pas toi qui es
« attaqué ici, c'est la représentation nationale,
« c'est la liberté d'opinion! et je ne me serais
« pas embarrassé de prouver que, sur ce seul
« numéro, Hébert a mérité la mort. Car, enfin,
« quand tu te serais trompé, tu n'as pas formé
« à toi seul une conspiration ; et les Brissotins
« n'ont point péri pour une opinion ; ils ont été
« condamnés pour une conspiration. »

La passion ne me fera point dévier des principes, et je ne saurais être de cet avis qu'Hébert a mérité le décret d'accusation sur un numéro. Je persiste dans mon sentiment, que non-seulement la liberté des opinions doit être indéfinie pour le député, mais même la liberté de la presse pour le journaliste. Permis à Hébert d'être le Zoïle de tous les vieux patriotes et un calomniateur à gages! Mais, au lieu de blasphémer contre la liberté de la presse, qu'il rende grâce à cette liberté indéfinie, à laquelle seule il doit de ne point aller au tribunal révolutionnaire, et de n'être mené qu'à la guillotine de l'opinion.

Pour moi, je ne puis *friser* cette guillotine-là,

même au jugement des républicains éclairés. Sans doute j'ai pu me tromper :

Eh! quel auteur, grand Dieu! ne va jamais trop loin!

Il y a plus; dès que le comité de salut public a improuvé mon numéro 3, je ne serai point un ambitieux hérésiarque, et je me soumets à sa décision, comme Fénélon à celle de l'Église. Mais l'avouerai-je, mes chers collégues? je relis le chapitre IX de Sénèque, les paroles mémorables d'Auguste, et cette réflexion du philosophe que je ne veux pas traduire, pour n'être pas encore une fois une pierre d'achoppement aux faibles; et *à ce fait sans réplique : « post hœc nullis insidiis ab ullo petitus; » à ce fait*, malgré le rapport de Barère, je sens m'échapper toute ma persuasion que mon idée d'un comité de clémence fût mauvaise. Car remarquez bien que je n'ai jamais parlé de la clémence du modérantisme, de la clémence pour les chefs; mais de cette clémence politique, de cette clémence révolutionnaire qui distingue ceux qui n'ont été qu'égarés. *A ce fait*, disais-je, *sans réplique*, j'ai toutes les peines du monde à souscrire à la censure de

Barère, et à ne pas m'écrier comme Galilée, damné par le sacré-collége : » Je sens pourtant qu'elle tourne! »

Certes, le procureur-général de la Lanterne, en 1789, est aussi révolutionnaire qu'Hébert, qui, à cette époque, ouvrait des loges aux ci-devant, avec des salutations jusqu'à terre. Mais dès-lors, quand j'ai vu l'assassinat *ultra-révolutionnaire* du boulanger *François*, fidèle à mon caractère, ne me suis-je pas écrié, que c'était la cour elle-même, Lafayette, et les Hébert de ce temps-là, les *patriotiquement aristocrates* qui avaient fait ce meurtre, pour rendre la Lanterne odieuse? Celui-là encore aujourd'hui est révolutionnaire qui a dit avant Barère : qu'il fallait arrêter comme suspects tous ceux qui ne se réjouissaient pas de la prise de Toulon. Celui-là est un révolutionnaire qui a dit, comme Robespierre, et en termes non moins forts : S'il fallait choisir « entre l'exagération du patriotisme et le ma- « rasme du modérantisme, il n'y aurait pas à « balancer. » Celui-là est un révolutionnaire qui a avancé comme une des premières maximes de la politique, que, « dans le maniement des gran- des affaires, il était triste, mais inévitable de s'é- carter des règles austères de la morale. » N°. 1.

Celui-là est révolutionnaire qui est allé aussi loin que Marat en révolution, mais qui a dit : « qu'au-delà de ses motions et des bornes qu'il « a posées il fallait écrire, comme les géographes « de l'antiquité, à l'extrémité de leurs cartes : Au- « delà, il n'y a plus de cités, plus d'habitation; il « n'y a que des déserts ou des sauvages, des glaces « ou des volcans. » N°. 2. Celui-là est révolutionnaire qui a dit que « le comité de salut public « avait eu besoin de se servir, pour un moment, « de la jurisprudence des despotes, et de jeter « sur la Déclaration des Droits un voile de gaze, « il est vrai, et transparent.» Celui-là est révolutionnaire, enfin, qui a écrit les premières et les dernières pages du numéro 3; mais il est fâcheux que les journalistes, parmi lesquels j'ai reconnu pourtant de la bienveillance dans quelques-uns, n'aient cité aucun de ces passages. Quand *la plupart* auraient pris le mot d'ordre du *Père Duchesne* de n'extraire de mes numéros que ce qui prêtait aux commentaires, à la malignité et à la sottise, ils ne se seraient pas interdit plus scrupuleusement toute citation qui tendit à me justifier dans l'esprit des patriotes; et c'est vraiment un miracle que, sur le rapport d'Hébert, et sur des citations si infidèles et si malignes de plusieurs

de mes chers confrères en journaux, les Jacobins
restés à la société, à dix heures du soir, ne se
soient pas écriés, comme le vice-président Brochet:
« Quel besoin avons-nous d'autres témoins? »
et que le juré d'opinion n'ait pas déclaré qu'il
était suffisamment instruit, et que, dans son âme
et conscience, j'étais convaincu de modérantisme,
de feuillantisme et de brissotisme.

Et cependant quel tort avais je, sinon d'être
las d'en avoir eu, d'être las d'avoir été poltron,
et d'avoir manqué du courage de dire mon opinion, fût-elle fausse. Je ne crains pas que la société me blâme d'avoir fait mon devoir. Mais si la
cabale était plus forte, je le dis avec un sentiment
de fierté qui me convient; si j'étais rayé, ce serait
tant pis pour les Jacobins! Quoi! vous m'avez commandé de dire à la tribune ce que je crois de plus
utile pour le salut de la république! ce que je n'ai
pas les moyens physiques de dire à la tribune, je
l'ai dit dans mes numéros, et vous m'en feriez un
crime? Pourquoi m'avez-vous arraché à mes
livres, à la nature, aux frontières où je serais
allé me faire tuer comme mes deux frères qui
sont morts pour la liberté? pourquoi m'avez-vous
nommé votre représentant? pourquoi ne m'avez-
vous pas donné des cahiers; Y aurait-il une per-

fidie, une barbarie semblable à celle de m'envoyer à la Convention, de me demander ainsi ce que je pense de la république, de me forcer de le dire, et de me condamner ensuite, parce que je n'aurais pas pu vous dire des choses aussi agréables que je l'eusse souhaité? Si l'on veut que je dise la vérité, c'est-à-dire la vérité relative, et ce que je pense, quel reproche a-t-on pu me faire, quand même je serais dans l'erreur? Est-ce ma faute si mes yeux sont malades, et si j'ai vu tout en noir à travers le crêpe que les feuilles du *Père Duchesne* avaient mis devant mon imagination.

Suis-je si coupable de n'avoir pas cru que Tacite, qui avait passé jusqu'alors pour le plus patriote des écrivains, le plus sage et le plus grand politique des historiens, fût un aristocrate et un radoteur? Que dis-je, Tacite? ce Brutus même dont vous avez l'image, il faut qu'Hébert le fasse chasser comme moi de la société, car si j'ai été un songe creux, un vieux rêveur, je l'ai été non-seulement avec Tacite et Machiavel, mais avec Loustalot et Marat, avec Thrasybule et Brutus.

Est-ce ma faute s'il m'a semblé que, lorsque le département de Seine-et-Marne, si tranquille jusqu'à ce jour, était si dangereusement agité depuis qu'on n'y messait plus; lorsque des pères et mères, dans la simplicité de l'ignorance, versaient des larmes, parce qu'il venait de leur naître un enfant qu'ils ne pouvaient pas faire baptiser; bientôt les catholiques allaient comme les calvinistes, du temps de Henri II, se renfermer pour dire des psaumes, et s'allumer le cerveau par la prière; qu'on dirait la messe dans des caves, quand on ne pourrait plus la dire sur les toits; de là des attroupemens et des Saint-Barthélemi; et que nous allions avoir l'obligation, principalement aux feuilles b... patriotiques du *Père Duchesne*, colportées par Georges Bouchotte, d'avoir jeté sur toute la France ces semences si fécondes de séditions et de meurtres?

Est-ce ma faute, enfin, s'il m'a semblé que des pouvoirs subalternes sortaient de leurs limites et se débordaient; qu'une commune, au lieu de se renfermer dans l'exécution des lois, usurpait la puissance législative en rendant de véritables décrets sur la fermeture des églises, sur les certificats de civisme, etc.? Les Aristocrates, les Feuillans, les Modérés, les Brissotins ont déshonoré un mot de la langue française, par l'usage contre-révolutionnaire qu'ils en ont fait. Il est malaisé aujourd'hui de se servir de ce mot. Cependant, frères et amis, croyez-vous avoir plus de bon sens que tous les historiens et tous les politiques, être plus républicains que Caton et Brutus, qui tous se sont servis de ce mot ? Tous ont répété cette maxime : « L'anarchie, en rendant tous les hommes maîtres, les réduit bientôt à n'avoir qu'un seul maître. » C'est ce seul maître que j'ai craint ; c'est cet anéantissement de la république ou du moins ce démembrement. Le comité de salut public, *ce comité* SAUVEUR, y a porté remède, mais je n'ai pas moins le mérite d'avoir le premier appelé ses regards sur ceux de nos ennemis les plus dangereux, et assez habiles pour avoir pris la seule route possible de la contre-révolution. Ferez-vous un crime, frères et amis, à un écrivain, à un député de s'être effrayé de ce désordre, de cette confusion, de cette décomposition du corps politique, où nous allions avec la rapidité d'un torrent qui nous entraînait nous et les principes déracinés ; si, *dans son dernier discours sur le gouvernement révolutionnaire*, Robespierre, tout en me remettant au pas, n'eut jeté l'ancre lui-même aux maximes fondamentales de notre révolution, et sur lesquelles seules la liberté peut être affermie et braver les efforts des tyrans et du temps ?

Extrait des registres de la Trésorerie nationale, du 2 juin.

Donné au Père Duchesne. . . . 135,000 liv.
Les 2 juin! tandis que tout Paris avait la main à l'épée pour défendre la Convention nationale, à la même heure, Hébert va mettre la main dans le sac.

Plus, du mois d'août, au Père Duchesne . . . . 10,000 liv.

Plus, du 4 octobre, au Père Duchesne. . . . . 60,000 liv.

Calculons ce dernier coup de filet.

Calcul de la valeur des 600,000 exemplaires de la feuille du Père Duchesne, *payés par Bouchotte 60,000 livres.*

Le premier mille.
- Composition . . . . 16 liv.
- Tirage 8
- Papier bien mauvais 20
- TOTAL. . . . . 44 liv.

Chacun des autres, 599,000.
- Tirage . . . . 8 liv.
- Papier 20
- TOTAL. . . . . 28 liv.

— 129 —

		Report . .	28 liv.
En conséquence,	{	Premier mille.	44 liv.
		599,000, à 28 liv., ci. . . .	16,772 liv.
		Total du vrai prix des 600 mille exemplaires, ci. . . .	16,816 liv.
		Qui de . .	60,000 liv.
		comptées par Bouchotte à Hébert, le 4 octobre 1793, et que celui-ci, avec une impudence cynique, dans son dernier numéro, appelle *la braise nécessaire pour chauffer son fourneau*, ôte.	16,816 liv.
		reste volé à la nation, le 4 octobre 1793,	43,184 liv.

✼

LE VIEUX CORDELIER.

LE VIEUX CORDELIER,

JOURNAL RÉDIGÉ

Par Camille-Desmoulins,

DÉPUTÉ A LA CONVENTION, ET DOYEN DES JACOBINS,

VIVRE LIBRE OU MOURIR!

VI.

Décadi 10 nivose, l'an II de la république, une et indivisible.

Peregrinatus est, animus ejus in nequitiá non habitavit.
(VALÈRE MAXIME).

Camille-Desmoulins a fait une débauche d'esprit avec les aristocrates, mais il est toujours bon républicain, et il lui est impossible d'être autre chose.
(*Attestation de Collot-d'Herbois et de Robespierre séance des Jacobins*).

Encore que je n'aie point fait rendre de décret, loin d'en avoir fabriqué, comme on en accuse l'auteur immortel de *Philinthe* (1), sur le-

---

(1) Fabre d'Églantine.

quel on me permettra de suspendre mon jugement définitif jusqu'au rapport; encore que j'aie pensé que le meilleur canot pour se sauver du naufrage était, pour un député, le coffre vide de Bias, ou le coffre *vidé* de mon beau-père *(V. infrà)* ; et si la calomnie, compulsant mon grand-livre, au sortir de la Convention, et trouvant sur les feuillets zéro, comme le 21 septembre 1792, était forcée de me rendre cette justice :

Jean s'en alla comme il était venu;

toutefois cejourd'hui 24 nivose, considérant que Fabre d'Églantine, l'inventeur du nouveau calendrier, vient d'être envoyé au Luxembourg, avant d'avoir vu le quatrième mois de son annuaire républicain; considérant l'instabilité de l'opinion, et voulant profiter du moment où j'ai encore de l'encre, des plumes et du papier, et les deux pieds sur les chenets, pour mettre ordre à ma réputation et fermer la bouche à tous les calomniateurs passés, présens et à venir, je vais publier ma *profession de foi politique*, et les articles de la religion dans laquelle j'ai vécu et je mourrai, soit d'un boulet, soit d'un stylet, soit dans mon lit, soit *de la mort des philosophes*, comme dit le compère Mathieu.

On a prétendu que ma plus douce étude était de charmer les soucis des aristocrates, au coin de leur feu, dans les longues soirées d'hiver, et que c'était pour verser sur leurs plaies l'huile du Samaritain, que j'avais entrepris ce journal aux frais de Pitt. La meilleure réponse, c'est de publier le *credo* politique du *Vieux Cordelier*, et je fais juge tout lecteur honnête, si M. Pitt et les aristocrates peuvent s'accommoder de mon *credo*, et si je suis de leur église.

Je *crois* encore aujourd'hui, comme je le croyais au mois de juillet 1789, comme j'osais alors l'imprimer en toutes lettres dans ma *France libre*, page 57 : « que le gouvernement populaire et la démocratie est la seule constitution qui convienne à la France et à tous ceux qui ne sont pas indignes du nom d'hommes. »

On peut être partagé d'opinion, comme l'étaient Cicéron et Brutus, sur les meilleures mesures révolutionnaires et sur le moyen le plus efficace de sauver la république, sans que Cicéron conclût de ce seul dissentiment que Brutus recevait des guinées de Photin, le premier ministre de Ptolémée. Je pense donc encore comme dans le temps où je faisais cette réponse à Marat, au mois d'avril 1791, pendant le voyage de Saint-Cloud, lorsqu'il m'envoyait l'épreuve de son fameux numéro: *Aux armes! ou c'en est fait de nous*, avec les apostilles et changemens de sa main, que je conserve, et qu'il me consultait sur cette épreuve : « Imprime toujours, mon cher Marat; je défendrai dans ta personne le patriotisme et la liberté de la presse jusqu'à la mort. » Mais je crois que pour établir la liberté il suffirait, si on voulait, de la liberté de la presse et d'une guillotine économique, qui frappât tous les chefs et tranchât les complots sans tomber sur les erreurs.

Je *crois* qu'un représentant n'est pas plus infaillible qu'inviolable. Quand même le salut du peuple devrait, dans un moment de révolution, restreindre aux citoyens la liberté de la presse, je crois que jamais on ne peut ôter à un député le droit de manifester son opinion; je crois qu'il doit lui être permis de *se tromper;* que c'est en considération de ses erreurs que le peuple français a un si grand nombre de représentans, afin que celles des uns puissent être redressées par les autres. Je crois que, sans cette liberté d'opinion indéfinie, il n'existe plus d'assemblées nationales; je crois que le titre de député ne serait plus qu'un canonicat, et nos séances des matines bien longues, si nous n'étions obligés de méditer dans le silence du cabinet ce qu'il y a de plus utile à la république; et, après que notre jugement a pris son parti sur une question, d'avoir le courage de dire notre sentiment à la tribune, au risque de nous faire une foule d'ennemis. Il est écrit : *Que celui qui résiste à l'Église soit pour vous comme un païen et un publicain.* Mais le *sans-culotte Jésus* n'a point dit dans son livre : Que celui qui *se trompe* soit pour vous comme un païen et un publicain. Je crois que l'anathème ne peut commencer de même pour le député, non lorsqu'il se trompe, mais lorsque son opinion ayant été condamnée par la Convention et le concile il ne laisserait pas d'y persister, et se ferait un hérésiarque. Ainsi, par exemple, dans mon numéro 4, quoique la note et la parenthèse ouverte aussitôt montrent que c'est un *comité de justice* que je voulais dire, lorsque j'ai dit un *comité de clémence*, puisque ce mot nouveau a fait le scandale des patriotes; puisque, Jacobins, Cordeliers et toute la montagne l'ont censuré, et que mes amis, Fréron et A. Ricord fils, n'ont pu s'empêcher eux-mêmes de m'écrire de Marseille que j'avais péché; je deviendrais coupable si je ne me hâtais de supprimer moi-même mon comité et d'en dire ma coulpe, ce que je fais avec une contrition parfaite.

D'ailleurs, Fréron et Ricord parlent bien à leur aise. On sent que la clémence serait hors de saison au port de la montagne, et dans tel pays d'où j'entendais dénoncer l'autre jour, au comité de sûreté générale, que la nouvelle de la prise de Toulon y avait été reçue comme une calamité, et que, huit jours avant, la plupart avaient déjà mis bas la cocarde. Certes, si là j'avais été envoyé commissaire de la Convention, et moi aussi j'aurais été un André Dumont et un Laplanche. Mais les lois révolutionnaires, comme toutes les lois en général, sont des remèdes nécessairement subordonnés au climat et au tempérament du malade; et les meilleures, administrées hors de saison, peuvent le faire crever. Prends donc garde, Fréron, que je n'écrivais pas mon numéro 4 à Toulon, mais ici, où je t'assure que tout le monde est au pas, et qu'il n'est pas besoin de l'éperon du *Père Duchesne*, mais plutôt de la bride du *Vieux Cordelier*; et je te vais le prouver sans sortir de chez moi et par un exemple domestique.

Tu connais mon beau père, le citoyen Duplessis, bon roturier et fils d'un paysan, maréchal ferrand du village. Eh bien! avant-hier, deux commissaires de la section de Mutius Scœvola (la section de Vincent, ce sera te dire tout) montent chez lui; ils trouvent dans la bibliothèque des livres de droit; et nonobstant le décret qui porte qu'on ne touchera point à Domat, ni à Charles Dumoulin, bien qu'ils traitent des matières féodales, ils font main-basse sur la moitié de la bibliothèque, et chargent deux crocheteurs des livres paternels. Ils trouvent une pendule dont la pointe de l'aiguille était, comme la plupart des pointes d'aiguilles, terminée en trèfle; il leur semble que cette pointe a quelque chose d'approchant d'une fleur de lis; et nonobstant le décret qui ordonne de respecter les monumens des arts, ils confisquent la pendule. Notez bien qu'il y avait à côté une malle sur laquelle était l'adresse fleurdelisée du marchand. Ici il n'y avait pas moyen de nier que ce fût une belle et bonne fleur de lis; mais comme la malle ne valait pas un *corset*, les commissaires se contentent de rayer les lis, au lieu que la malheureuse pendule, qui vaut bien 1200 livres, est, malgré son trèfle, emportée par eux-mêmes qui ne se fiaient pas aux crocheteurs d'un poids si précieux; et ce, en vertu du droit que Barère a appelé si heureusement le droit de *préhension*, quoique le décret s'opposât, dans l'espèce, à l'application de ce droit. Enfin, notre duumvirat sectionnaire, qui se mettait ainsi au-dessus des décrets, trouve le brevet de pension de mon beau-père, qui, comme tous les brevets de pension, n'étant pas de nature à être porté sur le grand-livre de la république, était demeuré dans le portefeuille, et qui, comme tous les brevets de pension possibles, commençait par ce protocole *Louis*, etc. Ciel! s'écrient les commissaires *le nom du tyran*!... Et après avoir retrouvé leur haleine, suffoquée d'abord par l'indignation, ils mettent en poche le brevet de pension, c'est-à-dire 1000 livres de rente; et emportent la marmite. Autre crime. Le citoyen Duplessis, qui était premier commis des finances sous Clugny, avait conservé, comme c'était l'usage, le cachet du contrôle général d'alors. Un vieux portefeuille de commis, qui était au rebut, oublié au-dessus d'une armoire dans un tas de poussière, et auquel il n'avait pas touché ni même pensé depuis dix ans peut-être, et sur lequel on parvint à découvrir l'empreinte de quelques fleurs de lis, sous deux doigts de crasse, acheva de compléter la preuve que le citoyen Duplessis était suspect, et le voilà, lui, enfermé jusqu'à la paix, et le scellé mis sur toutes les portes de cette campagne où tu te souviens, mon cher Fréron, que décrétés tous deux de prise de corps, après le massacre du Champ-de-Mars, nous trouvions un asile que le tyran n'osait violer.

Le plaisant de l'histoire, c'est que ce suspect était devenu le sexagénaire le plus *ultra* que j'aie encore vu. C'était le père Duchesne de la maison. A l'entendre, on ne coffrait que des conspirateurs, tout au moins des aristocrates, et la guillotine chômait encore trop souvent. Je crois que s'il n'avait été un peu plus content de mon numéro 5 il m'aurait fermé la porte du logis. Aussi, la première fois que j'allai le voir aux Carmes, la piété filiale fut moins forte en moi que le comique de la situation; et il me fut impossible de ne pas rire aux éclats de ce compliment qui venait si naturellement, et avec lequel je le saluai : « Eh bien! cher père, trouvez-vous encore qu'il n'y a que les contre-révolutionnaires qui *sifflent la linotte?* » Cette anecdote répond à tout, et j'espère que Xavier Audouin ne fera plus, à la séance des Jacobins, cette question : « Hommes lâches, qui prétendez arrêter le torrent de la révolution, que signifient ces nouvelles dénominations d'extrà, d'ultrà-révolutionnaires? » Je viens d'en donner, je pense, un échantillon. Car, enfin il n'est dit nulle part, dans les instructions sur le gouvernement révolutionnaire, que M. *Brigandeau*, ci-devant en bonnet carré au Châtelet, maintenant en bonnet rouge à la section, pourra mettre sous son bras une pendule, parce que la pointe de l'aiguille se termine en trèfle, et dans sa poche mon brevet de pension, parce que ce brevet commençait, comme tous les brevets de pension des quatre-vingt-six départemens, par ce mot, *Louis, roi,* qui se trouve aussi dans tous les livres. Et nous n'avons pas fait la révolution seulement pour que M. Brigandeau changeât de bonnet.

Je reviens à mon *credo*.

Mirabeau nous disait : « Vous ne savez pas que la liberté est une garce qui aime à être couchée (il se servait d'une expression plus énergique) sur des matelats de cadavres; » mais quand Mirabeau nous tenait ce propos, au coin de la rue du Mont-Blanc, je soupçonne qu'il ne parlait pas ainsi de la liberté dans le dessein de nous la faire aimer, mais bien pour nous en faire peur; je persiste à croire que notre liberté c'est l'inviolabilité des principes de la *Déclaration des Droits*; c'est la fraternité, la sainte égalité, le rappel sur la terre, ou du moins en France, de toutes les vertus patriarchales, c'est la douceur des maximes républicaines, c'est ce *res sacra miser*, ce respect pour le malheur que commande notre sublime constitution ; je crois que la liberté, en un mot, c'est le bonheur, et certes, on ne persuadera à aucun patriote, qui réfléchit tant soit peu, que faire dans mes numéros un portrait enchanteur de la liberté ce soit conspirer contre la liberté.

Je crois en même temps, comme je l'ai professé, que, dans un moment de révolution, une politique saine a dû forcer le comité de salut public à jeter un voile sur la statue de la liberté, à ne pas verser tout à la fois sur nous cette corne d'abondance que la déesse tient dans sa main, mais à suspendre l'émission d'une partie de ses bienfaits, afin de nous assurer plus tard la jouissance de tous. Je crois qu'il a été bon de mettre la terreur à l'ordre du jour, et d'user de la recette de l'esprit saint, que *la crainte du seigneur est le commencement de la sagesse* ; de la recette du bon sans-culotte Jésus, qui disait : « Moitié gré, moitié force, convertissez-les toujours, *compelle eos intrare*. » Personne n'a prouvé la nécessité des mesures révolutionnaires par des argumens plus forts que je n'ai fait, même dans mon *Vieux Cordelier* qu'on n'a pas voulu entendre.

Je crois que la liberté n'est pas la misère ;

qu'elle ne consiste pas à avoir des habits râpés et percés au coudes, comme je me rappelle d'avoir vu Roland et Guadet affecter d'en porter, ni à marcher avec des sabots ; je crois au contraire, qu'une des choses qui distingue le plus les peuples libres des peuples esclaves, c'est qu'il n'y a point de misère, point de haillons là où existe la liberté. Je crois encore, comme je le disais dans les trois dernières lignes de mon *Histsire des Brissotins*, que vous avez tant fêtoyée : « Qu'il n'y a que la république qui puisse tenir à la France la promesse que la monarchie lui avait faite en vain depuis deux cents ans : LA POULE AU POT POUR TOUT LE MONDE. » Loin de penser que la liberté soit une égalité de disette, je crois au contraire qu'il n'est rien tel que le gouvernement républicain pour amener la richesse des nations. C'est ce que ne cessent de répéter les publicistes depuis le seizième siècle : « Comparez, écrivait *Gordon*, en se moquant de nos grands-pères il y a quarante ans, comparez l'Angleterre avec la France ; les sept Provinces-Unies, sous le gouvernement des États, avec le même peuple sous la domination de l'Espagne. » Avant Gordon, le chevalier Temple observait que : « Le commerce ne fleurit jamais dans un gouvernement despotique, parce que personne n'est assuré de jouir longtemps de ce qu'il possède, tandis que la liberté ne peut manquer d'éveiller l'industrie, et de porter les nations au plus haut degré de prospérité et de fortune publique où leur population leur permet d'atteindre ; témoins Tyr, Carthage, Athènes, Syracuse, Rhodes, Londres, Amsterdam. » Et comme la théorie de la liberté, plus parfaite chez nous que chez ces différens peuples, présage à Pitt, pour la France, le dernier degré de prospérité nationale, et montre dans l'avenir au fils de Chatam notre patrie, que son père avait si fort en horreur, faisant par son commerce, ses arts et sa splendeur future le désespoir des autres nations, c'est pour cette seule raison, n'en doutons pas, que la jalouse Angleterre nous fait cette guerre atroce. Qu'importerait à Pitt, en effet, que la France fût libre, si sa liberté ne servait qu'à nous ramener à l'ignorance des vieux Gaulois, à leurs *sayes*, leurs *brayes*, leur gui de chêne et leurs maisons qui n'étaient que des échoppes en terre-glaise ?

Loin d'en gémir, il me semble que Pitt donnerait bien des guinées pour qu'une telle liberté s'établit chez nous. Mais ce qui rendrait furieux le gouvernement anglais; c'est si l'on disait de la France ce que disait Dicéarque de l'Attique:

« Nulle part au monde on ne peut vivre plus agréablement qu'à Athènes, soit qu'on ait de l'argent, soit qu'on n'en ait point. Ceux qui se sont mis à l'aise par le commerce ou leur industrie peuvent s'y procurer tous les agrémens imaginables; et quant à ceux qui cherchent à le devenir, il y a tant d'ateliers où ils gagnent de quoi se divertir aux *Antestheries* (1), et mettre encore quelque chose de côté, qu'il n'y a pas moyen de se plaindre de sa pauvreté sans se faire à soi-même un reproche de sa paresse. » Je crois donc que la liberté ne consiste point dans une égalité de privations, et que le plus bel éloge de la Convention serait, si elle pouvait se rendre ce témoignage : « J'ai trouvé la nation sans culottes, et je la laisse culottée. »

Ceux qui, par un reste de bienveillance pour moi, et ce vieil intérêt qu'ils conservent au procureur-général de la Lanterne, expliquent ce qu'ils appellent mon apostasie, en prétendant que j'ai été *influencé*, et en mettant les iniquités de mes numéros 3 et 4 sur le dos de Fabre d'Églantine

---

(1) On appelait ainsi les fêtes consacrées à Bacchus, c'étaient les *Sans-Culottides* d'Athènes; leur institution était moins morale, moins belle. Elles ne duraient que trois jours; savoir, la fête des Tonneaux, et celles des Coupes et des Marmites.

et Philippeaux, qui ont bien assez de leur responsabilité personnelle, je les remercie de ce que cette excuse a d'obligeant; mais ceux-là montrent bien qu'ils ne connaissent point l'indépendance indomptée de ma plume, qui n'appartient qu'à la république, et peut-être un peu à mon imagination et à ses écarts, si l'on veut, mais non à l'ascendant et à l'influence de qui que ce soit. Ceux qui condamnent le *Vieux Cordelier*, n'ont donc pas lu les *Révolutions de France et de Brabant*. Ils se souviendraient que ce sont ces mêmes *rêves de ma philanthropie*, qu'on me reproche, qui ont puissamment servi la révolution, dans mes numéros de 89, 90 et 91. Ils verraient que je n'ai point varié; que ce sont les patriotes eux-mêmes qui ont enraciné dans ma tête ces erreurs, par leurs applaudissemens, et que ce système de républicanisme dont on veut que je proscrive l'ensemble, n'est point en moi apostasie, mais impénitence finale.

On ne se souvient donc plus de ma grande colère contre Brissot, il y a au moins trois ans, à propos d'un numéro du *Patriote Français*, où il s'avisait de me rappeler à l'ordre et de me traiter de *républicain muscadin*, précisément à cause que j'avais énoncé les mêmes opinions que je viens de professer tout à l'heure. « Qu'appelez-vous, lui répondis-je quelque part (dans mon second tome, je crois); que voulez-vous dire avec votre brouet noir et votre liberté de Lacédémone? Le beau législateur que ce Lycurgue dont la science n'a consisté qu'à imposer des privations à ses concitoyens; qui les a rendus égaux comme la tempête rend égaux tous ceux qui ont fait naufrage; comme Omar rendait tous les Musulmans égaux, et aussi savans les uns que les autres, en brûlant toutes les bibliothèques! Ce n'est point là l'égalité que nous envions; ce n'est point là ma république. *L'amour de soi-même*, dit J.-J. Rousseau, *est le plus puissant et même, selon moi, le seul motif qui fasse agir les hommes.* Si nous voulons faire aimer la république, il faut donc, M. Brissot de Warville, la peindre telle, que l'aimer ce soit s'aimer soi-même. »

On ne se souvient donc plus de mon discours de la Lanterne? dans lequel, quinze mois auparavant, je jetais une clameur si haute au sujet d'un certain pamphlet intitulé: *le Triomphe des Parisiens*, où l'auteur voulait nous faire croire que, dans peu, Paris deviendrait aussi désert que l'ancienne Ninive; que, dans six mois, l'herbe cacherait le pavé de la rue Saint-Denis et de la place Maubert; que nous aurions des couches de melons sur la terrasse des Tuileries, et des carrés d'oignons dans le Palais-Royal. « Adieu, disait-il, les tailleurs, les tapissiers, les selliers, les épiciers, les doreurs, les enlumineurs, les bijoutiers, les orfèvres, les marchandes de modes et les prêtresses de l'Opéra, les théâtres et les restaurateurs. » L'auteur aristocrate ne faisait pas grâce aux boulangers, et se persuadait que nous allions brouter l'herbe, et devenir un peuple de Lazaronis et de philosophes, avec le bâton et la besace. Qu'on lise, dans *ma Lanterne aux Parisiens*, comme je relançais ce prophète de malheur qui défigurait ma république, et quelle prophétie bien différente j'opposai à ce Mathan de l'aristocratie. « Comment! m'écriais-je, plus de Palais-Royal! plus d'Opéra! plus de Méot! c'est là l'abomination de la désolation prédite par le prophète Daniel; c'est une véritable contre-révolution! »

Et je m'étudiais au contraire à offrir des peintures riantes de la révolution, et à en faire attendre à la France bien d'autres effets dont je me faisais presque caution. Et les Jacobins et les Cordeliers m'applaudissaient. Et c'est par ces tableaux que, missionnaire de la révolution et de la république, je m'insinuais dans l'esprit de mes auditeurs, que je partageais les égoïstes, c'est-à-dire tous les hommes, d'après la maxime incontestable de J.-J. Rousseau que j'ai soulignée tout à l'heure, que j'en baptisais un grand nombre, et que je les ramenais au giron de l'église des Jacobins. Non, il ne peut y avoir que les trois cents commis de Bouchotte, qui, pensant qu'il était de leur honneur de venger la petite piqûre que j'avais faite à l'amour-propre du ministre de la guerre, au lieu de se récuser, comme la délicatesse le demandait, se soient levés pour m'excommunier et me faire rayer des Jacobins. Quoique cet arrêté ait été rapporté dans la séance, après une oraison de Robespierre qui a duré une heure et demie, il est impossible que la société, même à l'ouverture de la séance, m'eût rayé pour avoir professé, dans le *Vieux Cordelier*, le même corps de doctrine qu'elle a applaudi tant de fois dans mes *Révolutions de Brabant*, et pour lequel elle m'avait nommé procureur-général de la Lanterne, quatre ans avant que ma charge fût passée au Père Duchesne. On voit que ce qu'on appelle aujourd'hui dans mes feuilles, *du modérantisme*, est mon vieux système d'*utopie*. On voit que tout mon tort est d'être resté à ma hauteur du 12 juillet 1789, et de n'avoir pas grandi d'un pouce non plus qu'Adam ; tout mon tort est d'avoir conservé les vieilles erreurs de la *France libre*, de la *Lanterne*, des *Révolutions de Brabant*, de la *Tribune des Patriotes*, et de ne pouvoir renoncer aux charmes de ma République de Cocagne.

Je suis obligé de renvoyer à un autre jour la suite de mon *credo* politique, ne voulant plus souffrir qu'on vende encore vingt sous un de mes numéros, comme il est arrivé de mon cinquième, ce qui a donné lieu aux calomnies. Vous savez bien, citoyen Desenne, que loin de vendre mon journal à la république je ne le vends pas même à mon libraire, de peur qu'on ne dise que je suis un marchand de patriotisme, et que je ne dois pas faire sonner si haut mes écrits révolutionnaires, puisque c'est mon commerce. Mais à votre tour, citoyen Desenne, je vous prie de soigner la popularité de l'auteur. Oui, c'est vous qui m'avez perdu. Le prix exorbitant du numéro 5 est cause qu'aucun sans-culotte n'a pu le lire ; et Hébert a eu sur moi un triomphe complet. Encore si la société des Jacobins s'était fait donner lecture de ce numéro 5, et avait voulu entendre mon défenseur officieux, comme elle en avait pris l'arrêté! L'attention et le silence que les tribunes avaient prêté à mes numéros 4 et 3 (ce qui prouve que les oreilles du peuple ne sont pas si hébertistes qu'on le dit, et qu'il aime qu'on lui parle un autre langage et qu'on lui fasse l'honneur de croire qu'il entend le français), la défaveur très peu sensible avec laquelle les tribunes avaient écouté ces deux numéros, annonçaient que la lecture du cinquième numéro me vaudrait une absolution générale; mais apparemment les commis de la guerre n'ont jamais voulu consentir à cette lecture, en sorte que si la société n'avait pas rapporté ma radiation, le déni de justice était des plus crians. Et c'est vous, citoyen Desenne, qui êtes cause que ma popularité a perdu contre Hébert cette fameuse bataille de Jemmappes, ou plutôt c'est ma faute d'avoir fait une si longue apologie. Mes numéros seront plus courts désormais, Je veux surtout être lu des sans-culottes, et être jugé par mes pairs; et j'exige de vous, quand vous devriez employer un papier bien mauvais, que vous ne vendiez pas mes numéros, dans la rue, plus cher que le Père Duchesne ne vend les siens à Bouchotte, c'est-à-dire 2 sous, à raison de huit pages, et 120 mille francs pour 1200 mille exemplaires.

P. S. Miracle ! grande conversion du Père Duchesne ! « Je l'ai déjà dit cent fois, écrit-il dans un de ses derniers numéros, et je le dirai toujours, que l'on imite le sans-culotte *Jésus !* que l'on suive à la lettre son Évangile, et tous les hommes vivront en paix.... Quand une troupe égarée et furieuse poursuivit la femme adultère, il écrivit sur le sable ces mots : *Que celui de vous qui est sans péché lui jette la première pierre.* Quand *Pierre* coupa l'oreille de certain *Philippotin*, il ordonna à *Pierre* de rengaîner son épée, en lui disant : *Quiconque frappe du glaive, du glaive sera frappé.* »

Qu'Hébert parle ainsi, je serai le premier à m'écrier : La trésorerie nationale ne peut acheter trop cher de tels numéros ! Poursuis Hébert, le divin sans-culotte que tu cites a dit : « Il y aura
« plus de joie dans le ciel pour un Père Duchesne
« qui se convertit, que pour quatre-vingt-dix-
« neuf vieux Cordeliers qui n'ont pas besoin de
« pénitence. » Mais tu devrais te souvenir d'avoir lu dans le même livre : *Tu ne diras point à ton frère, Raca,* c'est-à-dire *viédase. Tu ne mentiras point.* Or, comment as tu pu dire à nos frères les sans-culottes, en parlant de mon numéro 5 : « Voyez le bout d'oreille aristocratique. Ca-

« mille me reproche d'avoir été un PAUVRE frater,
« qui faisait des saignées de 12 sous. Vous voyez
« comme il méprise la sans-culotterie. » Cela est
très adroit de ta part, Père Duchesne, pour faire
crier *tolle* sur le *Vieux Cordelier*. Mais où est
ta probité et ta bonne foi? et comment peux-tu
tromper ainsi les sans-culottes? Je ne t'ai point
dit que tu étais un PAUVRE frater, mais un RES-
PECTABLE frater, ce qui emporte l'idée toute contraire de celle que tu me prêtes. Qui ne voit que,
loin de mépriser ta véritable sans-culotterie
d'alors, comparée à ta fortune présente, c'est
comme si je t'avais dit : « Alors tu étais *estimable*;
alors tu étais *respectable*. » Avoue, Père Duchesne,
que si Danton ne s'était pas opposé hier au décret contre la calomnie, tu serais ici bien pris sur
le fait. Mais je me réjouis que l'heureuse diver-
sion *sur les crimes du gouvernement anglais*
ait terminé tous nos combats; c'est un des plus
grands services qu'aura rendus à la patrie celui
qui a ouvert cette discussion, à laquelle je
compte payer aussi mon contingent. En attendant, je n'ai pu me défendre de parer ici ton
coup de jarnac.

LE VIEUX CORDELIER.

PRÉFACE

Au numéro 7.

Camille-Desmoulins fut arrêté avant d'avoir envoyé à Desenne, son libraire, l'épreuve corrigée par lui du septième numéro de son *Vieux Cordelier*. Nous avons conservé cette épreuve. Elle nous sera aujourd'hui bien précieuse pour donner au public ce numéro correct et complet, car il est bien loin de l'être. Dans l'édition de 1794 et dans celle qui a été faite depuis, on voit des mots, des phrases qui n'ont aucun sens, ou un sens étranger au manuscrit et à l'épreuve que nous possédons. Par exemple, à la page 133 de l'édition de Desenne, on lit ces mots: *Manteau de Platon vergeté et de drap d'éclatane.* Que signifie ce mot *éclatane?* absolument rien. Il est remplacé sur l'épreuve par cet autre mot: *Ecbatane.* A la huitième ligne de la page suivante on voit ces mots: *Sauf meilleur avoir.* Le mot *avoir* a été mis à la place du mot *avis*, qui se trouve encore dans l'épreuve. A la page 135 le mot *convention* a été mis à la place du mot *conversation;* le mot

Danil à la place du mot *David*; à la page 136 le mot *Londres*, au lieu de *Carthage*; à la page 137, *ses districts* au lieu de *sa doctrine*; à la page 139 le mot *clémence* au lieu de *clameure*, puis plus bas : *Je jette au son sans pitié ces six grandes pages,* pour *je jette au feu;* à la première ligne de la page 141 le mot *moyens* au lieu de *mains*, et plus bas le mot *bon* au lieu de *base*; à la page 142 ces mots : *Ces patriotes tout de fantaisie,* pour *Ces portraits tout de fantaisie.* Etc., etc., etc., etc....... Il serait trop long d'énumérer les nombreuses incorrections qui se trouvent dans l'édition originaire et, par conséquent dans celle qui a été publiée depuis ; nous les ferons d'ailleurs remarquer au lecteur par des notes placées à chaque page dans le septième numéro.

Camille avait promis dans son sixième numéro de donner dans son septième la suite à sa profession de foi politique; il remit à Desenne le manuscrit qui les contenait ; mais, comme dans cet écrit, il attaquait ouvertement les comités et le régime de terreur, Desenne n'osa l'imprimer. Nous sommes possesseurs du manuscrit, nous le donnerons; il est du plus haut intérêt. C'est un des beaux morceaux sortis de la plume de Camille.

Desenne retrancha aussi dans le corps du septième numéro du *Vieux Cordelier*, tout ce qui avait rapport au comité et à Robespierre; nous rétablirons ces passages comme ils se trouvent dans le manuscrit que nous possédons, nous les mettrons entre ces deux signes [............].

Matton aîné.

LE VIEUX CORDELIER,

JOURNAL RÉDIGÉ

Par Camille-Desmoulins,

DÉPUTÉ A LA CONVENTION, ET DOYEN DES JACOBINS.

VIVRE LIBRE OU MOURIR!
VII.

Quintidi pluviose, 2e décade, l'an II de la république, une et indivisible.

SUITE DE MON CREDO POLITIQUE.

Le Pour et le Contre,

ou

Conversation de deux vieux Cordeliers sur la liberté de la presse.

> « Qui aut tempus quod postulat non videt, aut plura loquitur, aut se ostentat, aut eorum quibus cum est, rationem non habet, is ineptus esse dicitur. Cato, optimo animo utens, nocet interdum reipublicæ, dicit enim tanquam in Platonis politicâ non tanquam in Romuli fæce sententiam. »
> (Cic.)

SUITE DE MON CREDO POLITIQUE.

Je crois que la liberté c'est la justice, et qu'à

ses yeux les fautes sont personnelles. Je crois qu'elle ne poursuit point sur le fils innocent le crime du père; qu'elle ne demande point, comme le procureur de la commune, le Père Duchesne, dans un certain numéro, qu'on égorge les enfans de Capet; car, si la politique a pu commander quelquefois aux tyrans d'égorger jusqu'au dernier rejeton de la race d'un autre despote, je crois que la politique des peuples libres, des peuples souverains, c'est l'équité; et, en supposant que cette idée, vraie en général, soit fausse en certains cas, et puisse recevoir des exceptions, du moins on m'avouera que, quand la raison d'état commande ces sortes de meurtres, c'est secrètement qu'elle en a donné l'ordre, et jamais Néron n'a bravé la pudeur jusqu'à faire colporter et crier dans les rues l'arrêt de mort de Britannicus et un décret d'empoisonnement. Quoi! c'est un crime d'avilir les pouvoirs constitués d'une nation et ce n'en serait pas un d'avilir ainsi la nation elle-même, de diffamer le peuple français en lui faisant mettre ainsi la main dans le sang innocent à la face de l'univers.

Je crois que la liberté c'est l'humanité; ainsi, je crois que la liberté n'interdit point aux époux, aux mères, aux enfans des détenus ou suspects de voir leurs pères ou leurs maris, ou leurs fils en prison ; je crois que la liberté ne condamne point la mère de Barnave à frapper en vain pendant huit jours à la porte de la Conciergerie pour parler à son fils, et lorsque cette femme malheureuse a fait cent lieues malgré son grand âge, à être obligée, pour le voir encore une fois, à se trouver sur le chemin de l'échafaud. Je crois que la prison est inventée non pour punir le coupable, mais pour le tenir sous la main des juges. Je crois que la liberté ne confond point la femme ou la mère du coupable avec le coupable lui-même, car Néron ne mettait point Sénèque au secret, il ne le séparait point de sa chère Pauline, et quand il apprenait que cette femme vertueuse s'était ouverte les veines avec son mari, il faisait partir en poste son médecin pour lui prodiguer les secours de l'art et la rappeler à la vie. Et c'était Néron !

Je crois que la liberté ne défend point aux prisonniers de se nourrir avec leur argent comme ils l'entendent, et de dépenser plus de 20 sous par jour ; car Tibère laissait aux prisonniers toutes les commodités de la vie, *quibus vita conceditur,* disait-il, *iis vitæ usus concedi debet* ; et ceux que nous appelons avec raison nos tyrans payaient cependant 12 francs et jusqu'à 25 francs, par jour, pour nourrir ceux de leurs sujets qu'ils faisaient embastiller comme suspects, et jamais Commode Héliogabale, Caligula n'ont imaginé, comme les comités révolutionnaires, d'exiger des citoyens le loyer de leur prison et de leur faire payer, comme à mon beau-père, 12 francs par jour, les six pieds qu'on lui donne pour lit.

Je crois que la liberté ne requiert point que le cadavre d'un condamné suicidé soit décapité; car, Tibère disait : « Ceux des condamnés qui au« ront le courage de se tuer, leur succession ne « sera point confisquée et restera à leur famille, « sorte de remercîment que je leur fais pour « m'avoir épargné la douleur de les envoyer au « supplice. Et c'était Tibère ! »

Je crois que la liberté est magnanime; elle n'insulte point au coupable condamné jusqu'aux pieds de l'échafaud, et après l'exécution, car la mort éteint le crime; car, Marat que les patriotes ont pris pour leur modèle et regardé comme la ligne de modération entre eux et les exagérés, Marat, qui avait tant poursuivi Necker, s'abstint de parler de lui du moment qu'il ne fut plus en place et dangereux, et il disait: « Necker est mort, laissons en paix sa cendre. » Ce sont les peuples sauvages, les antropophages et les cannibales qui dansent autour du bûcher. Tibère et Charles IX allaient bien voir le corps d'un ennemi mort; mais au moins ils ne faisaient pas trophée de son cadavre. Ils ne faisaient point le lendemain ces plaisanteries dégoutantes d'un magistrat du peuple, d'Hébert: *Enfin j'ai vu le rasoir national séparer la tête pelée de Custines de son dos rond.*

Je ne crois pas plus qu'un autre au républicanisme et à la fidélité de Custines; mais, je l'avoue, il m'est arrivé de douter si l'acharnement extraordinaire et presque féroce avec lequel certaines personnes l'ont poursuivi n'était pas commandé par Pitt, et ne venait pas, non de ce que Custines avait trahi, mais de ce qu'il n'avait pas assez trahi, de ce que le siége de Mayenne avait coûté 32 mille hommes et celui de Valenciennes 25 mille aux ennemis; en sorte qu'il eut suffi de sept à huit trahisons pareilles pour ensevelir dans leurs tranchées les armées combinées des despotes. Qu'on relise la suite des numéros d'Hébert et on se convaincra qu'il n'a pas tenu à lui de ramener une nation, aujourd'hui le peuple français, à ce temps où sa populace, ses aieux déterraient à Saint-Eustache le cadavre de Conciny, pour s'en disputer les lambeaux, les faire rôtir et les manger; il n'a pas tenu de même à Hébert, en ce point comme on voit bien différent de Marat, que le peuple ne se disputât les lambeaux d'une multitude de cadavres. Je crois que les grandes joies du Père Duchesne en ont causé souvent de bien plus grandes à Pitt et à Calonne, comme, par exemple, lorsqu'il se permit d'écrire de la fermeture des églises et de la déprêtrisation, et de ce que des villageois fanatiquement prosternés, il y a un an, devant un innocent, pendu pour ses opinions, qu'ils appelaient le bon Dieu, aujourd'hui l'arquebusaient et le tiraient à l'oie comme s'il eût été coupable de leurs adorations. Je crois que plus d'une fois, quand le Père Duchesne *était bougrement en colère*, Pitt et Calonne l'étaient bien plus pour le même sujet, comme lorsqu'Hébert se mangeait le sang à la lecture du *Vieux Cordelier*, l'ami du bon sens et des hommes, et qui s'efforçait de faire aimer la république; comme lorsqu'Hébert voulait que l'on traitât Rouen comme Lyon, proscrivait tous les généraux, banquiers, les gens de loi, les riches, les boutiquiers, ne fesait grâce à aucun des six corps et mettait à la fenêtre jusqu'au dernier des Brissotins; comme le député Montaut interprétait le soir aux Jacobins ce que le Père Duchesne avait entendu le matin dans sa feuille. Comme il déterminait, par un exemple, la latitude de ce mot de Brissotins, en expliquant ce qu'il signifiait par rapport aux députés, lorsqu'il disait en ma présence et devant plus de mille personnes. « Il y avait dans « la Convention une grande bande de voleurs, 21 « ont péri, mais n'y avait-il de coupable que ces « 21 ? Parmi ces 21 il y avait aussi 5 à 6 imbé- « cilles et ce serait nous condamner nous-même « que de ne pas prononcer le même jugement « contre les 75. Que dis-je 75, ceux là sont des « Brissotins qui ont opiné dans le sens des Brisso- « tins, et d'après les appels nominaux il y en « avait 4 à 500. »

Je crois que c'est l'adroite politique de Pitt, c'est-à-dire du parti de Coblentz, du parti de l'étranger, du parti anti-républicain, qu'on est convenu assez généralement de désigner sous le nom de Pitt, je crois que c'est l'adroite politique de ce parti qui, se parant d'un beau zèle pour la régénération des mœurs, sous l'écharpe d'Anaxagoras, fermait les maisons de la débauche en même temps que celles de la religion, non par un esprit de philosophie qui, comme Platon, tolère également le prédicateur et la courtisane, les mystères d'Éleusis et ceux de la bonne déesse, qui regarde également en pitié Madelaine dans ses deux états à sa croisée ou dans le confessionnal ; mais pour multiplier les ennemis de la révolution, pour remuer la boue de Paris et soulever contre la république les libertins et les dévots.

C'est ainsi qu'une fausse politique ôtait à la fois au gouvernement deux de ses plus grands ressorts, la religion et le relâchement des mœurs.

Le levier du législateur est la religion. Voyez la fameuse ordonnance de Cromwel sur le dimanche : trois sermons ce jour là, le premier, avant le lever du soleil, pour les domestiques. Marchés, cabarets, académies de jeux fermés. Ce jour là, quiconque se promenait pendant le service divin jeté en prison ou condamné à l'amende. Défense de voyager ce jour là. Les festins, la comédie, la chasse, la danse défendus ce jour là à peine de punition corporelle. C'est que dans ce siècle, l'Angleterre était encore toute trempée du déluge des nouvelles opinions religieuses, c'est que le Gohn Bull était presbytérien et janséniste; et si l'art du philosophe est de diriger l'opinion, l'art de l'ambitieux est de la suivre et de se mettre dans le courant.

L'esprit philosophique au contraire a-t-il le dessus? L'égoïsme, seul mobile des actions humaines dans tous les systèmes, tourne-t-il toutes ses spéculations du côté de ce monde, plutôt que vers le sein d'Abraham? En un mot, la génération se corrompt-elle? Alors la politique, dont le seul but est de gouverner, ne manque pas de prendre le vent, de se faire moliniste, et de donner encore des rames et des voiles à l'opinion.

C'est ainsi que Mazarin et Charles II, voyant les têtes rondes et la réforme aux cheveux plats passer de mode, lâchèrent encore plus cette bride de la morale, et obtinrent du relâchement des mœurs le même résultat que Cromwel de la religion, pour la tranquillité de leur tyrannie.

Je crois aussi que Pitt dut avoir au moins une aussi grande joie et *s'en donner des piles* (1) autant que le père Duchesne, le jour qu'il apprit que, comme des enfans tombés par terre qui battent le pavé, on nous faisait déployer la vengance nationale contre des murailles et décréter l'anéantissement de la ville de Lyon. Chose étrange, tel était l'égarement des meilleurs patriotes, qu'au sujet de cet ordre de raser Lyon, mesure qui allait combler de joie l'Angleterre et aussi funeste

---

(1) On sait que les colporteurs du Père Duchesne annonçaient leur journal en disant : « Il est *bougrement* en colère, le Père Duchesne; il est en colère à s'en *donner des piles*. »

(*Note de l'Éditeur.*)

au commerce de France que la prise de Toulon, Couthon qui est pourtant un excellent citoyen et un homme de sens, commençait ainsi une de ses lettres insérée au *Bulletin* : « Citoyens collé-
« gues, nous vous avions prévenus dans toutes
« vos mesures; mais comment se fait-il que la
« plus sage nous ait échappée, celle de détruire la
« ville jusques dans ses fondemens. »

Quel esprit de vertige s'était donc emparé de nos meilleures têtes, quand Collot-d'Herbois nous écrivait un mois après : « On a déjà osé provoquer
« l'indulgence pour un individu, on la provo-
« quera bientôt pour toute une ville. On n'a pas
« encore osé jusqu'ici demander le rapport de
« votre décret sur l'anéantissement de la ville de
« Lyon, mais on n'a presque rien fait jusqu'ici
« pour l'exécuter. Les démolitions sont trop
« lentes; il faut des moyens plus rapides à l'impa-
« tience républicaine. A la place du marteau qui
« démolit pierre à pierre, ne pourrait-on pas em-
« ployer la poudre pour faire sauter les rues en
« masse. » Est-ce le bon père Gérard qui parle ainsi, et quelle est cette impatience de Londres et d'Amsterdam, de voir détruire par nos mains une ville rivale, la plus commerçante, la plus ancienne et l'*aïeule* de nos cités? Que d'efforts fe-

saient les plus grands ministres des Grecs pour approcher leur ville de l'état florissant de Lyon, aujourd'hui : « Les étrangers, dit la loi de Solon, « qui viendront se fixer à Athènes avec toute leur « famille pour y établir un métier ou une fa- « brique, seront dès cet instant élevés à la digni- « té de citoyens. » C'était pour attirer la multitude dans un endroit et y faire naître le commerce que les Grecs instituaient des courses de chevaux et de chars, proposaient des couronnes aux athlètes, aux musiciens, aux poètes, aux peintres, aux acteurs et même aux prêtresses de Vénus qu'ils appelaient *les conservatrices des villes*, lorsqu'elles n'en étaient pas devenues le plus grand fléau, comme depuis Christophe Colomb, en Europe, où on peut dire qu'elles exercent une profession inconnue à l'antiquité, le métier de la peste. De même on vit bien à Rome, les dictateurs confisquer les villes les plus considérables d'Italie, qu'ils vendaient à l'encan au profit de leurs soldats, comme Sylla, Florence, et Octave, Mantoue et Crémone, mais ils ne les rasaient pas; s'il leur arrive de réduire Pérouse et Nursie en cendres, du moins la rapidité des flammes ôtait à leur colère l'odieux d'une si longue durée que celle de Collot contre Lyon. Quand on lit le rapport de Barrère sur ce projet de décret et l'enthousiasme dont la beauté de cette mesure avait saisi le rapporteur du comité de salut public, on croit entendre N. s'écrier, dans Voltaire :

Bâtir est beau, mais détruire est sublime !

C'est encore sur la motion de Barrère que la Convention a rendu contre elle-même ce décret, le plus inconcevable qu'aucun sénat ait jamais rendu, ce décret vraiment suicide, qui permet qu'un de ses membres investi de la confiance de 30 mille citoyens dont il est l'orateur et qu'il représente dans l'assemblée nationale, soit conduit en prison sans avoir été entendu, sur le simple ordre de deux comités, et d'après cette belle raison qu'on n'avait point entendu les Brissotins. En vain Danton a fait sentir la différence ; qu'il s'agissait alors d'une conspiration manifeste, et dont aujourd'hui on trouve même l'aveu dans les discours des deux partis, à la rentrée du parlement d'Angleterre ; qu'il y avait six mois que la Convention entendait les accusés tous les jours, et sur le fond même de la question, que nous étions tous témoins de leur fédéralisme ; qu'en matière de conspiration, c'était une nécessité de s'assurer à l'instant de la personne des conspirateurs; mais que sur une accusation de faux matériel et de vénalité il n'était pas besoin de fouler aux pieds les principes et qu'il n'y avait aucun inconvénient à entendre d'Églantine; que les Brissotins eux-mêmes, dans leur plus violent accès de délire, avaient respecté dans Marat le caractère de représentant du peuple, et l'avaient laissé parler deux heures et tant qu'il avait voulu avant de l'envoyer à l'Abbaye. Au milieu de ces raisons décisives, Danton a été hué par ses collègues. Danton prétend qu'il était sur un *mauvais terrain*, il n'en est pas moins évident que ce décret est du plus dangereux exemple; lui seul, il réduirait bientôt l'assemblée nationale à la condition servile d'un parlement dont on embastillait les membres qui refusaient d'enregistrer les projets de lois, si les membres des comités étaient ambitieux et manquaient de républicanisme.

Déjà le comité nomme à toutes les places et jusqu'aux comités de la Convention, jusqu'aux commissaires qu'il envoie dans les départemens et aux armées. Il a dans ses mains un des plus grands ressorts de la politique, l'espérance, par laquelle le gouvernement attire à lui toutes les ambitions, tous les intérêts. Que lui manque t-il pour maîtriser ou plutôt pour anéantir la Convention et exercer la plénitude du décemvirat, si ceux des députés qu'il ne peut attirer dans son antichambre en faisant luire à leurs yeux le panache tricolore, récompense de leurs souplesses et de leurs adulations, il peut les contenir par la crainte de les envoyer au Luxembourg, dans le cas ou ils viendraient à déplaire? Y a-t-il beaucoup de députés, y a-t-il beaucoup d'hommes tout-à-fait inaccessibles à l'espérance et à la crainte? Dans la république même, l'histoire ne compte pas un Caton sur plus d'un million d'hommes. Pour que la liberté pût se maintenir à côté d'un pouvoir si exorbitant, il faudrait que tous les citoyens fussent des Catons, il faudrait que la vertu fut le seul mobile du gouvernement. Mais si la vertu était le seul ressort du gouvernement, si vous supposez tous les hommes vertueux, la forme du gouvernement est indifférente et tous sont également bons. Pourquoi donc y a-t-il des gouvernemens détestables et d'autres qui sont bons? Pourquoi avons nous en horreur la monarchie et chérissons nous la république? C'est qu'on suppose avec raison que les hommes n'étant pas tous également vertueux, il faut que la bonté du gouvernement supplée à la vertu, et que l'excellence de la république consiste en cela précisément, qu'elle supplée à la vertu.

Je crois encore ce que je disais dans mon numéro 3, des révolutions de Brabant, malheur aux rois qui voudraient asservir un peuple insurgé. La France ne fut jamais si redoutable que dans la guerre civile. Que l'Europe entière se ligue et je m'écrirai avec Isaac : Venez Assyriens, et vous serez vaincus! Venez Mèdes, et vous serez vaincus! Venez tous les peuples, et vous serez vaincus! J'ai toujours compté sur l'énergie nationale et sur l'impétuosité française, doublée par la révolution, et non sur la tactique et l'habileté des généraux. Parmi les sottises qu'Hébert fait débiter, apparemment pour me mettre au pas, il n'est point de propos plus ridicule que celui qu'il m'a prêté à la tribune des Jacobins, en me faisant dire que si j'étais allé dîner chez Dillon, c'était pour l'empêcher d'être un prince Eugène et de gagner contre nous des batailles de Malplaquet et de Ramillier. Je n'en persiste pas moins à croire que si nous avions eu à la tête de nos armées des généraux patriotes qui eussent les connaissances militaires de Dillon, la bravoure du républicain français guidée par l'habileté des officiers, eut déjà pénétré jusqu'à Madrid et jusqu'aux Bouches du Rhin.

Je n'en persiste pas moins à croire que j'ai eu raison de pressentir les plus funestes impéritics de la Vendée, lorsque j'entendis il y a dix mois aux Jacobins un tonnerre d'applaudissemens ébranler la salle à ces mots d'H..... que nous avions en France 3 *millions de généraux*, et que tous les soldats sont également propres à commander à leur tour et par l'ancienneté de médaillon. Comment peut-on méconnaître à ce point les avantages de la science militaire et du génie? Je suis obligé d'user de redite et de répéter dans mon *credo* ce que j'ai dit mainte fois, parce qu'il n'est pas ici question de me faire une réputation d'auteur mais de défendre celle de patriote, d'imposer à mes concitoyens et de leur divulguer mes dogmes politiques, et de soumettre au jugement des contemporains et de la postérité la profession de foi du *Vieux Cordelier*, afin qu'on soit en état de juger, non ma réputation d'auteur, mais celle de patriote, ou plutôt il n'est pas ici question ni de moi, ni de ma réputation, mais d'imposer les dogmes de la saine politique et d'inculquer à mes concitoyens des principes dont un état ne peut s'écarter impunément. Par exemple ; il est certain comme je l'ai dit que la guerre est un art, où, comme dans tous les autres, on ne se perfectionne qu'à la longue, il ne s'est encore trouvé que deux généraux, Lucullus et Spinola, qu'un génie extraordinaire ait dispensé de cette règle, et quoique tous les jours des officiers prennent hardiment le commandement d'armées de 40 mille hommes. Turenne, qui était un si grand capitaine, ne concevait pas comment un général pouvait se charger de conduire plus de 35 mille hommes; et en effet c'est avec une armée toujours inférieure qu'il marchait chaque jour à une nouvelle victoire. Si l'habileté est nécessaire dans le médecin qui a entre ses mains la vie d'un seul homme, et si son art est le premier par l'importance de son objet, combien l'art militaire doit être au-dessus et combien il est absurde de ne compter pour rien l'ignorance dans un général, qui, par un ordre sage ou inconsidéré dispose de la vie de 10 mille hommes, qu'il peut perdre ou sauver. J'ai entendu Merlin de M........ et Westerman, le Vendéen, et beaucoup d'autres troupiers qu'il n'est pas permis de soupçonner ni de partialité, ni d'incivisme, dire que le grand tort de Philippeaux, dans sa fameuse dénonciation, était d'avoir imputé à trahison ce qu'il devait mettre sur le compte de l'impiété et n'attribuer qu'à ce système accrédité et prêché par les bureaux de

la guerre que tous les parens des commis et les frères des actrices avec qui ils couchaient étaient aussi bons que Villard pour couvrir nos frontières. C'était bien là le renversement de toutes les idées presque innées à force d'être anciennes ; car il y a plus de trois mille ans que le vieux Cambyse adressait ces paroles à son fils Cyrus, si on en croit Xénophon, dans la dernière instruction qu'il lui donnait en lui disant adieu, et lorsque le jeune homme avait déjà fait sonner le tocsin pour courir avec la cavalerie au secours de son beau-père Cyaxare. « Mon fils, il n'est pas permis de deman-
« der aux dieux le prix de l'art, quand on n'a
« jamais manié un art, ni de conduire un vais-
« seau dans le port, quand on est ignorant de la
« mer, ni de n'être point vaincu quand on n'a
« pas pourvu à la défense (1). »

(1) Camile n'a pas fini sa profession de foi, il se disposait à la continuer dans le huitième numéro du *Vieux Cordelier* dont nous n'avons que des fragmens, et dans les numéros suivans.

CONVERSATION
DE DEUX VIEUX CORDELIERS.

CAMILLE-DESMOULINS.

« Si tu ne vois pas, dit Cicéron, ce que les temps exigent; si tu parles inconsidérément; si tu te mets en évidence; si tu ne fais aucune attention à ceux qui t'environnent, je te refuse le nom de sage. » L'âme vertueuse de Caton répugnait à cette maxime; aussi, en poussant le jansénisme de républicain plus loin que les temps ne le permettaient, ne contribua-t-il pas peu à accélérer le renversement de la liberté : comme lorsqu'en réprimant les exactions des chevaliers, il tourna les espérances de leur cupidité du côté de César; mais Caton avait la manie d'opiner plutôt en stoïcien dans la république de Platon, qu'en sénateur qui avait affaire aux plus fripons des enfans de Romulus.

Que de réflexions présente cette épigraphe!

C'est Cicéron qui, en composant avec les vices de son siècle, croit retarder la chute de la république, et c'est l'austérité de Caton qui hâte le retour de la monarchie. Solon avait dit en d'autres termes la même chose : « Le législateur qui travaille sur une matière rebelle doit donner à son pays, non pas les meilleures lois en théorie, mais les meilleures dont il puisse supporter l'exécution. » Et J.-J. Rousseau a dit après : « Je ne viens point traiter des maladies incurables. » On a beau dire que mon numéro 6 manque d'intérêt, parce qu'il manque de personnalités; que ceux qui ne chercheraient dans ce journal qu'à repaître leur malignité de satire et leur pessimisme de vérités intempestives retirent leurs abonnemens. Je crois avoir bien mérité de la patrie en tirant la plume contre les ultrà-révolutionnaires, dans le *Vieux Cordelier*, malgré ses erreurs.

Quelque ivraie d'erreurs n'étouffe point une moisson de vérités. Mais je reconnais que mes numéros auraient été plus utiles si je n'avais pas mêlé aux choses les noms des personnes. Dès que mon vœu, le vœu de Coligny, le vœu de Mézerai est enfin accompli, et que la France est devenue une république, il faut s'attendre à des partis, ou plutôt à des coteries et à des intrigues sans cesse renaissantes. La liberté ne va point sans cette suite de cabales, surtout dans notre pays où le génie national et le caractère indigène ont été, de toute antiquité, factieux et turbulens, puisque J. César dit en propres termes, dans ses *Commentaires*: « Dans les Gaules on ne trouve que des factions et des cabales, non-seulement dans tous les départemens, districts et cantons, mais même dans les vics ou villages (1). » Il faut donc s'attendre à des partis, ou, pour mieux dire, à des compérages qui haïront plutôt la fortune que les principes de ceux qui sont dans la coterie ou le parti contraire, et qui ne manqueront pas d'appeler amour de la liberté et patriotisme l'ambition et les intérêts personnels qui les animent les uns contre les autres. Mais tous ces partis, tous ces petits cercles, seront toujours contenus dans le grand cercle des bons citoyens qui ne souffriront jamais le retour de la tyrannie; et comme c'est dans ce grand rond seul que je veux entrer; comme je pense, avec Gordon, qu'il n'y eut jamais de secte, de société, d'église, de club, de loge, d'assemblée quelconque, de parti, en un

---

(1) *In Galliâ factiones sunt, non solum in omnibus civitatibus, atque pagis, partibusque, sed in vicis*, etc.

mot, *tout composé de gens d'une exacte probité ou entièrement mauvais*, je crois qu'il faut user d'indulgence pour les *ultrà* comme pour les *citrà*, tant qu'ils ne dérangent pas les *intrà* et le grand rond des amis de la république, une et indivisible. On lit dans un discours sur le gouvernement révolutionnaire : « Si l'on admet que des patriotes de bonne foi ont tombé dans le modérantisme sans le savoir, pourquoi n'y aurait-il pas des patriotes, également de bonne foi, qu'un sentiment louable a emporté quelquefois *ultrà* ? » C'est ainsi que parle la raison ; et voilà pourquoi j'ai enrayé ma plume qui se précipite sur la pente de la satire. Étranger à tous les partis, je n'en veux servir aucun, mais seulement la république, qu'on ne sert jamais mieux que par des sacrifices d'amour-propre : mon journal sera beaucoup plus utile, si, dans chaque numéro, par exemple, je me borne à traiter en général, et abstraction faite des personnes, quelque question, quelque article de ma profession de foi et de mon testament politique. Parlons aujourd'hui du gouvernement anglais, le grand ordre du jour.

UN VIEUX CORDELIER (1).

Qu'est-ce que tout ce verbiage? Depuis 1789 jusqu'à ce moment, depuis Mounier jusqu'à Brissot, de quoi a-t-il été question, sinon d'établir en France les deux chambres et le gouvernement anglais? Tout ce que nous avons dit; tout ce que toi en particulier, tu as écrit depuis cinq ans, qu'est-ce autre chose que la critique de la constitution aristocratique de la Grande-Bretagne? Enfin, la journée du 10 août a terminé ces débats et la plaidoirie, et la démocratie a été proclamée le 21 septembre. Maintenant la démocratie en France, l'aristocratie en Angleterre, fixent en Europe tous les regards tournés vers la politique. Ce ne sont plus des discours, ce sont les faits qui décideront, devant le jury de l'univers pensant, quelle est la meilleure de ces deux constitutions. Maintenant la plus forte, la seule satire à faire du gouvernement anglais, c'est le bon-

---

(1) Vieux prêtre de l'ancien district des Cordeliers, qui entre chez moi, et vient voir si je fais parler dignement le chapitre dans mon numéro 7, et si je ne fais pas reculer la bannière.

heur du peuple; c'est la gloire, c'est la fortune de la république française. N'allons pas, ridicules athlètes, au lieu de nous exercer et de nous frotter d'huile, panser les plaies de notre antagoniste. C'est nous-mêmes qu'il faut guérir, et pour cela il faut connaître nos maux; il faut avoir le courage de les dire. Sais-tu que tout ce préambule de ton numéro 7, ces circonlocutions, ces précautions oratoires, tout cela est fort peu jacobin? A quoi reconnait-on le vrai républicain, je te prie, le véritable Cordelier? C'est à sa vertueuse indignation contre les traîtres et les coquins, c'est à l'âpreté de sa censure. Ce qui caractérise le républicain, ce n'est point le siècle, le gouvernement dans lequel il vit, c'est la franchise du langage. Montausier était un républicain dans l'œil-de-Bœuf. Molière, dans le Misanthrope, a peint en traits sublimes les caractères du républicain et du royaliste. Alceste est un Jacobin, Philinte un Feuillant achevé. Ce qui m'indigne, c'est que, dans la république, je ne vois presque pas de républicains. Est-ce donc le nom qu'on donne au gouvernement qui en constitue la nature? En ce cas, la Hollande, Venise, sont aussi des *républiques*; l'Angleterre fut aussi une république, pendant tout le protectorat de Cromwel, qui régissait sa *république* aussi despotiquement que Henri VIII son royaume. Rome fut aussi une république sous Auguste, Tibère et Claude, qui l'appelaient dans leur consulat, comme Cicéron dans le sien, la *république romaine*. Pourquoi cependant ne se souvient-on de cet âge du monde que comme celui de l'époque de l'extrême servitude de l'espèce humaine? C'est parce que la franchise était bannie de la société et du commerce de la vie; c'est parce que, comme dit Tacite, « on n'osait parler, on n'osait même entendre. » *Omisso omni, non solùm loquendi, imò audiendi, commercio.*

Qu'est-ce qui distingue la république de la monarchie? Une seule chose; la liberté de parler et d'écrire. Ayez la liberté de la presse (1) à Moscou, et demain Moscou sera une république. C'est ainsi que malgré lui, Louis XVI, et les deux côtés droits, et le gouvernement tout entier, conspirateur et royaliste, la liberté de la presse seule nous

(1) Il y a dans le manuscrit : « Ayez la liberté de la presse à Constantinople, et demain le faubourg de Péra sera aussi républicain que le faubourg St-Marceau. Au contraire, détruisez la liberté de la presse en France, et demain la république sera détruite; elle n'est déjà plus du moment où vous portez atteinte à la liberté de parler et d'écrire.

a menés comme par la main, jusqu'au 10 août, et a renversé une monarchie de quinze siècles, presque sans effusion de sang.

Quel est le meilleur retranchement des peuples libres contre les invasions du despotisme? C'est la liberté de la presse. Et ensuite le meilleur? C'est la liberté de la presse. Et après le meilleur? C'est encore la liberté de la presse.

Nous savions tout cela dès le 14 juillet; c'est l'alphabet de l'enfance des républiques; et Bailly lui-même, tout aristocrate qu'il fût, était sur ce point plus républicain que nous. On a retenu sa mxime : *La publicité est la sauvegarde du peuple.* Cette comparaison devrait nous faire honte. Qui ne voit que la liberté d'écrire est la plus grande terreur des fripons, des ambitieux et des despotes (1), mais qu'elle n'entraîne avec soi aucun inconvénient pour le salut du peuple? Dire que cette liberté est dangereuse à la république, cela est aussi stupide que si on disait que la beauté peut craindre de se mettre devant une glace. On a tort ou on a raison; on est juste, vertueux, patriote en un mot, ou on ne l'est pas. Si on a des torts il faut les redresser, et pour cela il est néces-

---

(1) Il y a dans le manuscrit : Et des petits tyrans.

saire qu'un journal vous les montre; mais si vous êtes vertueux, que craignez-vous de numéros contre l'injustice, les vices et la tyrannie? Ce n'est point là votre miroir.

Avant Bailly, Montesquieu, un président à Mortier avait professé le même principe, qu'il ne peut y avoir de république sans la liberté de parler et d'écrire. « Dès que les décemvirs (1), dit-il, dans les lois qu'ils avaient apportées de la Grèce en eurent glissé une contre la calomnie et ses auteurs, leur projet d'anéantir la liberté et de se perpétuer dans le décemvirat fut à découvert, [car jamais les tyrans n'ont manqué de juges pour faire périr, sous le prétexte de calomnie, quiconque leur déplaisait] (2). C'est le jour qu'Octave, quatre cents ans après, fit revivre cette loi des décemvirs (3), contre les écrits et les paroles, et en fit un article additionnel à la loi *Julia* sur les crimes de lèse-majesté, qu'on

---

(1) Texte du manuscrit : Dès que les décemvirs, dans les lois qu'ils étaient chargés de rédiger, eurent fait passer celle contre les écrits séditieux et la calomnie, leur projet....

(2) Les passages qui auront été retranchés par Desenne sans être remplacés par lui, je les mettrai dans le cours de l'ouvrage, entre deux guillemets, comme ils se trouvent dans le manuscrit.

(3) Il y a dans le manuscrit : Cette loi d'Appius contre...

peut dire que la liberté romaine rendit le dernier soupir. En un mot, l'âme des républiques, leur pouls, leur respiration, et si l'on peut parler ainsi, le souffle auquel on reconnaît que la liberté vit encore, c'est la franchise du discours. Vois à Rome, quelle écluse d'invectives Cicéron lâche pour noyer dans leur infamie Verres, Catilina, Clodius, Pison et Antoine! Quelle cataracte d'injures tombe sur ces scélérats du haut de la tribune! [Le poète Catulle traînait dans la boue Jules César. Tu as cité toi-même le passage d'une lettre de Cicéron au sujet des placards sanglans que Bibulus ne cessait de lancer contre le dictateur, cette feuille de Bibulus plait tellement au peuple qu'il est impossible de passer dans les rues où elle est affichée.]

[Mieux vaudrait qu'on se trompât, comme le père Duchesne dans ses dénonciations qu'il fait à tort et à travers, mais avec cette énergie qui caractérise les âmes républicaines, que de voir cette terreur qui glace et enchaîne les écrits et la pensée. Marat s'exprimait ainsi: Un républicain, Bourdon de l'Oise, osa dire sa pensée toute entière et montrer une âme républicaine.

Robespierre fit preuve d'un grand caractère, il y a quelques années, à la tribune des Jacobins. Un jour que dans un moment de violente défaveur il se cramponna à la tribune, et s'écria qu'il fallait l'y assassiner ou l'entendre ; mais toi tu fus un esclave et lui un despote, le jour que tu souffris qu'il te coupa si brusquement la parole dès ton premier mot : *Brûler n'est pas répondre !* et que tu ne poursuivis pas opiniâtrement ta justification. Représentant du peuple, oserais-tu parler aujourd'hui au premier commis de la guerre aussi courageusement que tu le faisais il y a 4 ans à St Priest, à Mirabeau, à Lafayette, à Capet lui-même ? Nous n'avons jamais été si esclaves que depuis que nous sommes républicains, si rampans que depuis que nous avons le chapeau sur la tête.]

Aujourd'hui, en Angleterre même, où la liberté est décrépite et gisant *in extremis*, dans son agonie, et lorsqu'il ne lui reste plus qu'un souffle, vois comme elle s'exprime sur la guerre, et sur les ministres et sur la nation française.

« En France, dit Stanhope, dans la chambre haute, les ministres parlent, écrivent, agissent toujours en présence de la guillotine. Il serait à souhaiter que nos ministres eussent cette crainte salutaire, ils ne nous tromperaient pas si grossièrement.

« On nous dit, que les troupes françaises sont

sans habits, et ce sont les mieux habillées de l'Europe.

« On nous dit, que le manque de numéraire empêchera nos ennemis de soutenir la guerre, et on peut hasarder qu'il y a en France plus d'or, d'argent et de billon, provenant des sacristies et de l'emprunt forcé, que dans toutes les contrées d'Europe ensemble.

« A l'égard des assignats, ils ont gagné, depuis six mois, plus de 70 pour cent, et gagneront sans doute encore plus dans six autres mois.

« On nous disait que les troupes françaises ne pourraient tenir devant les troupes autrichiennes, prussiennes et anglaises, les mieux disciplinées de l'Europe; le contraire est assez prouvé par un grand nombre de combats. Des généraux autrichiens ont avoué que les Français, par leur discipline et leur bravoure, au milieu du carnage, étaient devenus la terreur des alliés.

« Enfin, on nous disait, que les Français devaient manquer de blé. C'était déjà une idée bien horrible, que celle de vingt-cinq millions d'hommes, dont la presque universalité ne vous avait jamais offensés, éprouvant les horreurs de la famine, parce que la forme de leur gouvernement déplaisait à quelques despotes. Mais ce plan infernal n'a servi qu'à produire chez ce peuple un enthousiasme qui a surpassé tout ce qu'on rapporte des anciennes républiques. »

Stanhope justifie ensuite le peuple français du reproche d'athéisme. Il distingue sa constitution des excès inséparables d'une révolution; il ajoute que la nation a renoncé, par des décrets solennels, à se mêler du gouvernement des autres états; il défie tous les philosophes de ne pas sanctionner notre *Déclaration des Droits*, et finit par présenter comme la base et la pierre angulaire de notre république, cette maxime sublime: *Ne fais pas à autrui ce que tu ne veux pas qu'on te fasse.*

L'opposition, dans la chambre des communes, n'y parle pas de nous avec moins de respect et d'éloges.

« Nous sommes vaincus partout, dit M. Courtenai, tandis que les Français déploient une énergie et un courage digne des Grecs et des Romains. A la bouche du canon, ils chantent leurs hymnes républicains. L'empereur et le roi de Prusse, avec tous leurs fameux généraux et leurs troupes si bien aguerries, n'ont pu battre le général Hoche, qui n'était pourtant qu'un simple sergent, peu de temps avant d'avoir pris le commandement. »

Si la louange qui plaît le plus est celle d'un

ennemi, ces discours ont de quoi flatter nos oreilles. C'est ainsi que des hommes, que quelques républicains d'outre-mer font, en plein parlement, la satire de leur nation et l'éloge de ceux qui lui font la guerre; et nous, au fort de la liberté et de la démocratie, nous n'osons censurer dans un numéro ce qui manque à la perfection de notre gouvernement. Nous n'osons louer chez les Anglais ce qu'il y a de moins mauvais, comme la liberté des opinions, l'*habeas corpus*, et le proposer pour exemple à nos concitoyens, de peur qu'ils ne deviennent pires.

Nous nous moquons de la liberté de parler de l'Angleterre, et cependant, dans le procès de Bennet, convaincu d'avoir dit publiquement qu'il « souhaitait un plein succès à la république française, et la destruction du gouvernement d'Angleterre, » après une longue délibération, leur jury vient de prononcer, il y a quinze jours, que Bennet n'était point coupable, et que les opinions étaient libres.

Nous nous moquons de la liberté d'écrire des Anglais; cependant il faut convenir que le parti ministériel n'y demande point la tête de Shéridan ou de Fox, pour avoir parlé des généraux de Brunswick, de Wurmser, Hoode, Moyra, et même du duc d'Yorck, avec autant d'irrévérence, au moins, que Philippeaux et Bourdon de l'Oise ont parlé des généraux Ronsin et Rossignol.

Étrange bizarrerie! En Angleterre, c'est tout ce qu'il y a d'aristocrates, de gens corrompus, d'esclaves, d'âmes vénales; c'est Pitt, en un mot, qui demande à grands cris la continuation de la guerre; et c'est tout ce qu'il y a de patriotes, de républicains et de révolutionnaires qui votent pour la paix, qui n'espèrent que de la paix un changement dans leur constitution. En France, tout au rebours. Ici ce sont les patriotes et les révolutionnaires qui veulent la guerre, et il n'y a que les Modérantins, les Feuillans, si l'on en croit Barère, il n'y a que les contre-révolutionnaires et les amis de Pitt qui osent parler de paix. C'est ainsi que les amis de la liberté, dont les intérêts semblent pourtant devoir être communs, veulent la paix à Londres et la guerre à Paris, et que le même homme se trouve patriote en-deçà de la Manche, et aristocrate au-delà; montagnard dans la Convention; ministériel dans le parlement. Mais au moins, dans le parlement d'Angleterre, on n'a jamais fait l'incroyable motion que celui qui ne se déciderait pas d'abord pour la guerre, par assis et levé, fût réputé *suspect* pour son opinion, dans une question de cette importance et si délicate, qu'on ne pouvait être de l'avis de Barère, sans être en même temps de l'avis de Pitt.

Il faut avouer au moins que la tribune de la Convention ne jouit pas de l'inviolabilité d'opinion de la tribune anglaise, et qu'il ne serait pas sûr de parler de nos échecs comme Shéridan parle de leurs défaites de Noirmoutiers, de Dunkerque, de Toulon. Combien nous sommes plus loin encore de cette âpreté de critique, de cette rudesse sauvage des harangues et des mœurs qui existe, encore moins il est vrai, en Angleterre, qui ne convient point aux très humbles et fidèles sujets de Georges, mais à laquelle on reconnaît une âme républicaine dans J. J. Rousseau, comme dans le paysan du Danube; dans un Scythe, comme dans Marat. On trouvera parmi nous cette *effroyable haine* d'Alceste,

Ces haînes vigoureuses.
Que doit donner le vice aux âmes vertueuses.

Hébert dénonce Legendre, dans sa feuille, comme un mauvais citoyen et un mandataire infidèle Legendre dénonce Hébert aux Jacobins, comme un calomniateur à gages; Hébert est terrassé, et ne sait que répondre. « Allons, dit Momoro, qui vient au secours de son embarras, embrassez-vous tous deux, et touchez là. » Est-ce là le langage d'un Romain, ou celui de Mascarille dans la comédie:

> C'est un fripon, n'importe;
> On tire un grand parti des gens de cette sorte.

Oui je le répète, j'aime mieux encore qu'on dénonce à tort et à travers, j'ai presque dit qu'on calomnie, même comme le Père Duchesne, mais avec cette énergie qui caractérise les âmes fortes et d'une trempe républicaine, que de voir encore, comme aujourd'hui, cette politesse bourgeoise, cette civilité puérile et honnête, ces ménagemens pusillanimes de la monarchie, cette circonspection, ce visage de caméléon et de l'antichambre, ce B...isme en un mot, pour les plus forts, pour les hommes en crédit ou en place, ministres ou généraux, représentans du peuple ou membres influens des Jacobins, tandis qu'on fond, avec lourde roideur, sur le patriotisme en défaveur et disgracié. Ce caractère presque général sautait aux yeux, et Robespierre en fit lui-même l'objet du dernier scrutin épuratoire de la société.

[Jusqu'aux moindres fretins]
Au dire de chacun, étaient de petits saints.

Mieux vaudrait l'intempérance de langue de la démocratie ; le pessimisme de ces détracteurs éternels du présent, dont la bile s'épanche sur tout ce qui les environne, que ce froid poison de la crainte, qui fige la pensée jusqu'au fond de l'âme, et l'empêche de jaillir à la tribune, ou dans des écrits ! Mieux vaudrait la misanthropie de Timon, qui ne trouve rien de beau à Athènes, que cette terreur générale, et comme des montagnes de glace, qui, d'un bout de la France à l'autre, couvrent la mer de l'opinion et en obstaclent le flux et reflux. La devise des républiques, ce sont les vents qui soufflent sur les flots de la mer, avec cette légende : *Tollant sed attollunt.* Ils les agitent mais ils les élèvent. Autrement, je ne vois plus dans la république que le calme plat du despotisme, et la surface unie des eaux croupissantes d'un marais ; je n'y vois qu'une égalité de peur, le nivellement des courages, et les âmes les plus généreuses aussi basses que les plus vulgaires.

Toi-même, par exemple, toi qui as eu, je le dirai seulement, pour ne pas te flatter en ne te donnant qu'un mérite de calcul, toi qui as eu le tact et le bon esprit d'être aussi incorruptible, de ne pas plus varier, de ne pas plus déménager que Robespierre ; toi qui, dans la révolution, as eu le bonheur que toutes ses phases n'en ont amené aucune dans ta condition et ta fortune ; le bonheur de n'avoir été ni ministre, ni membre de comité de gouvernement, ni commissaire dans la Belgique ; de n'avoir pas étalé aux yeux de la jalousie, sœur de la calomnie, ni le panache, ni le ruban tricolore, allant de l'épaule au côté, ni les épaulettes à l'étoile, ni aucun de ces signes du pouvoir, qui surtout semblent vous donner des ailes, comme à la fourmie, pour vous perdre, et vous jette même dans l'envie des dieux ; mais qui, député honoraire, et resté journaliste, comme en 1789, pries tous les jours le ciel de laisser le simple manteau de la philosophie sur tes épaules dégagées de responsabilité ; non pas, il est vrai, le manteau sale et déchiré de Diogène, mais le manteau de Platon, vergeté et de drap d'Ecbatane (1). [Toi qui, ni à Bailly, ni à Pétion, ni à Pache, a combattu l'un après l'autre tous les hommes en place

―――
(1) Ancien texte : d'Éclatane.

à mesure qu'ils se sont montrés dans un parti autre que celui de la *Déclaration des Droits* (2).] Toi qu'on sait bien n'être pas exempt d'erreurs, mais dont il n'est pas un homme de bonne foi, parmi ceux qui t'ont suivi, qui ne soit persuadé que toutes tes pensées n'ont jamais eu pour objet comme tu l'as répété jusqu'au dégoût, que la liberté politique et individuelle des citoyens; une constitution utopienne, la république une et indivisible, la splendeur et la prospérité de la patrie, et non une égalité impossible de biens, mais une égalité de droits et de bonheur; toi qui, muni de tous ces certificats authentiques, ayant reçu plaies et bosses pour la cause du peuple, et par toutes ces considérations, au-dessus d'un rapport malévole, et des propos de table de Barère, devrais montrer moins de poltronnerie et avoir le droit de dire librement ta pensée, sauf meilleur avis (2), oserais-tu tourner en ridicule les bévues politiques de tel ou tel membre du comité de salut public, comme l'opposition (3), toute faible, dégé-

(1) Ancien texte : toi qui, ni à Paul, ni à Céphas, mais à la *Déclaration des Droits*, et étranger à tous les partis, les a tous combattus, tour-à-tour, toi qu'on sait....

(2) Ancien texte : Avoir.

(3) Ancien texte : Comme l'opposition, lâche, toute dégénérée,

nérée et nulle qu'elle est, persiffle les rapports de Pitt, de Greenville et de Dundas ?

CAMILLE-DESMOULINS.

J'oserais s'il n'y avait des erreurs qu'il est plus utile à la patrie de taire que de faire sentir? (1) Comment peux-tu dire que la Convention défend la vérité, quand tout-à-l'heure, par un décret notable rendu sur la motion de Danton, elle vient de permettre, du moins de tolérer, le mensonge et le *calomniateur*. La liberté de la presse est restreinte par le gouvernement révolutionnaire au royaliste et à l'aristocrate; elle est encore (2) entière pour le club des Cordeliers (3). Apprends que Barère lui-même, est (4) partisan si déclaré de la liberté d'écrire, qu'il la veut indéfinie constitutionnellement pour tout le monde, révolutionnairement pour les citoyens dont on ne peut suspecter le patriotisme et les intentions. De-

(1) Ancien texte. Si j'osais... et pourquoi non, si ce sont des faits. Comment...

(2) Le mot *encore* a été oublié et se trouve sur l'épreuve corrigée de la main de Camille.

(3) Ancien texte : Patriote prononcé.

(4) Ancien texte : En.

puis que Barère m'a fait cette profession de foi, je m'en veux presque de la légère égratignure de mon numéro 5; car il est impossible, à mon sens, qu'un homme d'esprit veuille la liberté de la presse, qu'il la veuille illimitée, même contre lui, et qu'il ne soit pas un excellent républicain. Tout à l'heure, ta (1) déclamation finie, j'aurai la parole à mon tour, et je démontrerai la sagesse et la nécessité de sa distinction révolutionnaire, sur le *maximum* de la liberté de la presse pour les patriotes, et le *minimum* pour les aristocrates. En ce moment (2), comme je pardonne à ta colère, en faveur de ce que son principe a de républicain, comme elle te suffoquerait, si un torrent de paroles, et comme la fumée de ce feu, ne s'exhalait au dehors dans la conversation (3); comme tu n'es point à la tribune des Cordeliers, ni en présence de David (4) ou de la Vicomterie, mais en présence de mes Pénates tolérans, et qui ne refusent pas à un vieux patriote la liberté qu'on donnait aux esclaves (5) dans les Saturnales, donne de

(1) Ancien texte : La
(2) *En ce moment*, se trouve sur l'épreuve.
(3) Ancien texte : Convention.
(4) Ancien texte : Dand.
(5) Le mot esclaves se trouve dans l'épreuve à la place de voleurs.

l'air, mon ami, à ton âme étouffée (1), ouvre un passage à cette fumée dont tu es suffoqué au dedans, et qui te noircit (2) l'imagination, faute d'une cheminée; parle, dissipe cette vapeur mélancolique : en passant, voici ma réponse provisoire, et en un mot, à tous tes (3) griefs : *La révolution est si belle en masse, que je dirai toujours d'elle comme Bolingbrocke dit un jour de Malborough, c'était un si grand homme, que j'ai oublié ses vices.* Maintenant poursuis ta tirade.

LE VIEUX CORDELIER.

Et moi, je te pardonne ton amour aveugle et paternel pour la révolution. Tu as eu tant de part à sa naissance! Je ne grondais point ton enfant; je n'étais (4) point en colère; je demande seulement à la république naissante s'il n'est pas permis de lui faire les très humbles remontrances que souffrait quelquefois la monarchie. Tu prétends que Barère aime la liberté indéfinie de la presse, on

---

(1) Ancien texte : Cœur étouffé.
(2) Ancien texte : Au dehors.
(3) Ancien texte : Les griefs.
(4) Ancien texte : Je ne suis.

ne lui en demande pas tant; qu'il aime seulement la liberté des opinions dans l'assemblée nationale. Mais oserais-tu dire cette vérité qui est pourtant incontestable, que Barère, par son fameux rapport sur la destruction de Carthage (1), a véritablement fait le miracle de ressusciter Pitt, que tout le monde jugeait mort depuis la prise de Toulon, et qu'il devait arriver immanquablement, qu'à son arrivée à Londres, ce beau rapport ferait remonter le ministre aux nues, et lui ouvrirait toutes les bourses des Carthaginois. Que Xavier Audouin et quelques patriotes à vue courte, aient déclamé aux Jacobins, le *Delenda Carthago*, cela était sans conséquence, et pouvait passer pour l'effet de l'indignation du patriotisme dans ses foyers. *Tel fiert qui ne tue pas.* Mais qu'à la tribune de la Convention, un membre du comité de salut public ait dit qu'il fallait aller détruire le gouvernement anglais, et raser Carthage (2). Qu'un autre membre du comité de salut public, à vue moins courte que Barère, ait enchéri aux Jacobins sur cette opinion; qu'il ait dit que pour lui c'était la

---

(1) Ancien texte: Londres.
(2) Ancien texte: Qu'il ait dit publiquement qu'il fallait exterminer le peuple anglais de l'Europe, à moins qu'il ne se démocratisât.

guerre, non seulement au gouvernement, mais au peuple anglais, et une guerre à mort qu'il lui prétendait faire à moins qu'il ne se démocratisât; en vérité, voilà ce qui est inconcevable. Quoi! dans le même temps que Shéridan s'écriait dans la chambre des communes : « La conduite des Français manifeste qu'ils n'avaient point à cœur la guerre avec le peuple anglais; ils ont détruit le parti de Brissot qui avait voulu cette guerre : je pense qu'ils seraient disposés à conclure avec nous la paix, dans des termes honorables et avantageux à la république. J'appuie mon raisonnement sur la foi des décrets de la Convention, qui déclarent que la république a renoncé à la pensée de répandre sa doctrine au dehors, et que son seul but est d'établir un gouvernement intérieur, tel qu'il a été adopté par le peuple français.

(1) [Quoi! c'est dans le même temps que Ro-

---

(1) Ce passage a été entièrement tronqué par Desenne, nous le rétablissons en entier dans le texte comme il se trouve dans le manuscrit. Voici l'ancien texte que nous avons cru devoir remettre sous les yeux du lecteur :

Quoi! c'est dans le même temps que Stanhope s'écriait dans la chambre haute : « Nulle puissance n'a le droit de s'ingérer
« dans le gouvernement intérieur d'un état indépendant
« d'elle; le peuple français a proclamé ce principe, d'après le

bespierre par son discours aux jacobins prend sans s'en apercevoir le rôle de Brissot, de nationaliser la guerre! C'est Robespierre qui s'est tant moqué de Cloots voulant municipaliser l'Europe,

« vœu de sa constitution, art. 118 et 119, et il ne veut point
« s'ingérer dans le gouvernement de notre nation. » Quoi!
c'est dans le même temps que Barère, sans s'en apercevoir, se
charge de l'apostolat de Cloots, de municipaliser la Grande-
Bretagne, et d'un rôle de Brissot, de nationaliser la guerre avec
le peuple anglais! car enfin, tout peuple en ce cas, et surtout
une nation fière comme les Anglais, veut être le maître chez
soi. Et quels que soient les vices de sa constitution, si c'est un
peuple rival qui prétend les redresser et les démocratiser de
gré ou de force, il dira, comme la femme de Sganarelle à
M. Robert : « *De quoi vous mêlez-vous ? et moi je veux être battue.* »
Pitt a dû bien rire en voyant Barère qui l'appelle, lui, Pitt, un
imbécille, faire lui-même cette lourde école, d'enraciner Pitt
plus que jamais dans le ministère; en voyant Barère le dispenser de réfuter le parti de l'opposition, et donner ainsi un
pied de nez à Shéridan et à Stanhope, avec leurs beaux discours sur la neutralité constitutionnelle de la république, à
l'égard du gouvernement des autres peuples. Qui ne voit que
la réception de ce fameux discours de Barère a dû charmer
Pitt plus que la nouvelle d'une victoire, et que les Anglais
n'auraient pas manqué de se dire : « Puisque Londres est Carthage, ayons le courage des Carthaginois, fesons plutôt comme
eux, des cordages et des arcs avec nos cheveux, donnons à
Pitt jusqu'au dernier schelling, et levons-nous aussi en masse.
Mais oserais-tu dire ces vérités à Barère? Oserais-tu dire que
cet Hébert, par exemple, ce Momoro......

qui se charge de son apostolat et veut démocratiser le peuple anglais! Car enfin tout peuple dans ce cas et surtout une nation fière comme l'angleterre quelques soient les vices de sa constitution dit comme la femme de Sganarelle à Robert: *Et moi si je veux qu'il me batte!* Et c'est Robespierre qui oubliait ainsi le discours profondément politique, entraînant, irréfutable qu'il prononça au mois de décembre 1791, lorsque presque seul avec toi il opinait si fortement contre la guerre: C'est Robespierre qui oublie ce mot énergique qu'il disait alors: *Est-ce quand le feu est à notre maison qu'il faut aller l'éteindre chez les autres!* qui oublie cette grande vérité qu'il proclamait et développait si bien alors, que la guerre fut toujours la ressource du despotisme, qui, par sa nature n'a de force que dans les armes et ne peut rien gagner qu'à la pointe de l'épée, au lieu que la liberté n'a pas besoin de canons et ne fait jamais plus de conquêtes que par la paix, puisqu'elle ne règne point par la terreur, mais par ses charmes; elle n'a pas besoin de se cacher derrière des retranchemens pour prendre des villes; mais dès qu'on peut la voir on en est épris et on court au devant d'elle. Mais oserais-tu bien faire de semblables rapprochemens et par ces contradictions rendre à Robespierre le ridicule qu'il verse sur toi à pleines mains depuis quelque temps. Pitt dût bien rire en voyant que cet homme qui l'appelait, lui, Pitt, *un imbécille* et *une bête*, à la séance du 10 pluviose, aux Jacobins, est celui-là même, Robespierre, qui s'y prend si bien pour l'affermir dans le ministère et donner un pied de nez à Fox, à Shéridan et à Stanhope. Qui ne voit qu'à la réception de ce discours et du rapport de Barère, on a du se dire à Londres : *Eh bien! puisque nous sommes Carthage, ayons le courage des Carthaginois, fesons plutôt comme eux des cables avec nos cheveux et levons nous en masse.*

Oserais-tu t'exprimer de même avec franchise sur le comité de sûreté générale ? Oserais-tu dire que ce comité qui embastille la tiédeur et fait enfermer les citoyens par milliers, comme suspects de n'avoir pas aimé la république, a pour son président Vadier, celui-là même qui, le 16 juillet 1791, et la veille du Champ-de-Mars, appuyait de toute sa force la motion de Dandré, de mander à la barre les six tribunaux de Paris et de leur commander le procès à tous les Jacobins; ce même Vadier qui, le 16 juillet, disait à la tribune de l'assemblée nationale : *J'adore la monarchie et j'ai en horreur le gouvernement républicain,* et faisait cette honteuse profession de foi consignée dans le *Moniteur* et dans tous les journaux du temps, pour laquelle Marat, le lendemain, le traitait comme renégat et le plus infâme des constituans; et le voilà aujourd'hui le saint Dominique du comité de sûreté générale?

Oserais-tu dire que Vouland, secrétaire du comité de sûreté générale était également un royaliste bien prononcé et membre du fameux club des Feuillans, comme il appert par la liste authentique et officielle trouvée dans le secrétariat du club des Feuillans, une des conquêtes importantes du 10 août, et imprimée par le comité de surveillance de la commune?

Oserais-tu dire que Jagot, autre frère terrible du comité, et qui incarcère pour un point d'aiguille, a lui même à sa montre, le vieux patriote, s'il y a bien pris garde, un trèfle qui a quelque ressemblance avec une fleur de lys; que ce même Jagot, la veille du 10 août, courut donner sa démission de membre du comité de sûreté générale de l'assemblée législative, de peur que la cour ne gagnât la bataille du lendemain, et qu'il ne fut enveloppé dans la proscription inévitable de Merlin, Bazire et Chabot, ses collègues au comité; que c'est ce même Jagot que, dans les quatre premiers mois de la session, toute la Convention a vu siégeant, non seulement au marais, mais aux antipodes de la montagne à côté de Brissot, Barbaroux et Duperret?

Qui trouveras-tu encore dans ce décemvirat si puissant, car le comité n'est pas composé de plus de dix membres? Qui trouveras-tu parmi ces figurans euménides?

Est-ce Amar le moins farouche de tous et dont la musique calme l'orage du métier, mais à qui le sabre ne va pas mieux qu'à ses confrères, contre des citoyens égarés, puisqu'il a été égaré plus que personne? est-ce Amar, dont tout le monde se rappelle encore le calembourg lors de son vote dans un appel nominal pour le renouvellement du bureau à la fin de 1792 : *Lalois, Chassé, Danton?*

Est-ce David, perdu d'orgueil, qui fut le plus forcené de tous par sa misérable ambition de lire dans tous les journaux : *Présidence de David?* Zeuxis se promenait aux jeux Olympiques avec une superbe robe de pourpre sur laquelle on lisait en lettres d'or: *Le peintre Zeuxis*. David, plus ridiculement vain, n'aurait pas de plus grand plaisir que de se promener avec cet écriteau : « Le

« président David ! Ce n'est pas tant de mon Ho-
« race, de mon Brutus, disait-il, qu'on doit par-
« ler, ce n'est point du peintre, c'est du législa-
« teur, c'est de ma présidence que parlera la pos-
« térité. » David a déshonoré son art en oubliant
qu'en peinture comme en éloquence le foyer du
génie c'était le cœur : il prouve qu'on peut être
un grand peintre avec l'âme de Louis XI, et qu'il
n'a entassé tant de monde dans les prisons que
pour capter la popularité du moment, parvenir
à être quinze jours le sonneur de la Convention
et à asseoir son c... sur un fauteuil de maroquin
vert! Ceux qui connaissent le personnage et la
vanité dont il est bouffi, sont tentés de croire que
c'est une irruption d'orgueil qui lui a mis la joue
de travers. L'histoire qui voudra faire son portrait
ressemblant ne pourra couvrir ce défaut avec ces
chaînes d'or que l'antiquité fesait sortir des lèvres
de Nestor ou de Jules-César, pour exprimer leur
éloquence ou leur bienfaisance ; elle ne pourra le
cacher qu'avec de l'écume pour exprimer la rage ;
et la ressemblance sera parfaite si, comme ce
peintre, qui en jetant de dépit son éponge rendit si bien l'écume d'un cheval, elle jette sur les
lèvres de David une éponge trempée dans le sang
innocent. A la vérité David se fait gloire de cette

rage ; il prétend que c'est la colère de Brutus contre les Royalistes et les Brissotins ; mais c'est dommage que l'on sache que ce républicain plus que farouche était le peintre du roi et passait sa vie à peindre Louis XVI avec d'autres couleurs que les tiennes dans tes vers ; il est fâcheux que cet anti-modéré, cet anti-Brissotin qui ne pouvait pardonner à Cicéron d'avoir pensé que la terreur était le mentor d'un jour; que ce soit le même David qui, il n'y a pas si long-temps, te fesait une grosse querelle et t'aurait battu, s'il en avait eu la hardiesse ou la force, à propos de ton *Brissot Démasqué ;* il est fâcheux qu'on sache que c'est ce même David, si Brissotin, que naguère encore il fallait que Panis se mit tout en nage au cœur de l'hiver, dans le jardin des Tuileries, pour lui persuader que c'était Robespierre qui était le patriote et qui avait raison contre Brissot.

Voilà les patriotes nouveaux, voilà les hommes tous fameux qui ne peuvent pas croire aux Madeleine et aux saint Augustin politiques et qui te font un crime de ta pitié pour des patriotes, pour des frères qui ont été cent fois moins égarés qu'eux.

Qui trouveras-tu encore dans ce comité et à la tête des mesures les plus violentes? c'est un la-

Vicomterie connu par son gros livre des *Crimes des rois*, où il tonne à chaque page contre les arrestations arbitraires des gens suspects aux rois, et qui a embastillé à lui seul plus de suspects en cinq mois que tous les tyrans dont il parle depuis la fondation de la Bastille.

Mais tu n'y trouverais plus nos deux vieux Cordeliers Boucher-Saint-Sauveur et Panis, ces deux membres du comité de sûreté générale, vénérables par leurs services et par cinq années de persécutions de la cour, auxquelles ils ont résisté; ils n'ont pu tenir à la vue des indignités qui s'y commettaient et ils en sont sortis en secouant la poussière de leurs pieds.

Sans doute le même motif en éloigna le bon Rhul autre patriote éprouvé, qu'on n'y rencontre jamais et sur le point d'en donner sa démission, mais aussi faible que Panis et Boucher, et sans oser en expliquer les motifs à la tribune de la Convention.

Tu y verras encore, il est vrai, un vieux Cordelier, un patriote à cheveux blancs, l'excellent Rougiff. Entre chez Guff...... il te dira qu'il n'y reste que pour corriger beaucoup de mal par un peu de bien. Guff..... est estimable de tenir ferme à son poste et c'est Boucher-Saint-Sauveur, Panis et Rhul qu'il faut blâmer de leur désertion.

Oserais-tu dire ce que t'a dit ton collègue P...., que M. Héron, ci-devant corsaire de profession et écumeur de mer, aujourd'hui écumeur de pavés et grand entrepreneur d'arrestation et d'élargissement à prix d'argent, sans être attaché par aucun emploi au comité de sûreté générale, et lieutenant, premier commis officieux et volontaire dans la Saint-Hermandad, a gagné peut-être plus d'un million depuis six mois qu'il est le *Cicerone* du comité et celui qui, dans la rue, désigne et montre au doigt les suspects.

Oserais-tu dire que cet externe, même parmi les commis du comité, y est si puissant, qu'il a osé y prendre au collet un représentant du peuple qui lui reprochait de s'être fait un bois de l'antichambre du comité et d'y faire, avec la terreur, ce que Cartouche fesait sur les grands chemins avec un bon pistolet. Ce M. Héron n'est pas encore assez content d'être débarrassé de la surveillance de Boucher-Saint-Sauveur et de Panis, ces deux vénérables patriotes qui ont donné leur démission; il ne lui suffit pas que le bon Rhul ne vienne presque jamais au comité.

Oserais-tu dire que tu as appris de Guff.... que la surveillance d'un homme de bien lui est si à charge qu'il a preuves en main que cet infâme Héron est allé dans les prisons mendier de faux témoignages et tâcher de suborner des scélérats, pour envoyer lui, Guff..., notre cher Rougiffe, cet excellent patriote à cheveux blancs, au tribunal révolutionnaire.

Oserais-tu dire que Fabre d'Eglantine quelques jours avant son arrestation a déclaré qu'il prouverait, pièces sur le bureau, que ce Héron, prôné à la tribune de la Convention comme un patriote exquis, ce Le Noir du comité, a chez lui des mandats d'arrêt et des lettres de cachet en blanc, dont-il n'a qu'à remplir les noms, et qu'aujourd'hui, sous le règne des lois et au fort de la démocratie et de l'égalité, il existe un homme inconnu dans la révolution, et qu'aucun service n'avait recommandé, qui est plus puissant sur les citoyens par la faveur on ne sait de qui, que ne le fut jamais par la faveur de son Louis XV la *Dubarry* sur les sujets du tyran, quand, prenant deux oranges, elle disait: *Saute Choiseuil, saute Praslin*, qui prend non des oranges mais sans doute des poignées d'assignats et dit: *En prison un tel: En liberté un tel. Saute d'Églantine, saute*

Guff....., saute Camille-Desmoulins, M......
Il tient dans sa main des listes de proscriptions, ou livre sans préambule et sans autre explication à la guillotine une douzaine de députés, vieux montagnards. Combien de citoyens depuis six mois ont été embastillés *de par M. Héron.*

Oserais-tu dire que ce scélérat qui logeait chez Fallope, membre du conseil-général de la commune, a fait mettre celui-là en prison parce que... Oserais-tu........

CAMILLE-DESMOULINS.

Oui, si l'oser sauvait la république. Mais quel bien lui en reviendra-t-il quand j'aurai voué à l'infamie tous ces noms obscurs. La clameur (1) de tous ces amours-propres blessés parviendrait peut-être à me mettre hors d'état de remédier aux maux de la patrie. Aussi trouve-t-on que je jette au feu (2) sans pitié ces six grandes pages de causticités. Je conviens que la satire est extrêmement piquante, elle me vengerait, elle ferait courir tout Paris chez Desenne, moins encore par la vérité

(1) Ancien texte : Clémence.
(2) Ancien texte : Au son.

que par la hardiesse et la (1) témérité de la censure, car un (2) bon mot qui expose son auteur a toujours bien plus de vogue. Mais en méditant sur la naissance les progrès et la chute (3) des républiques, je me suis convaincu que les animosités et les querelles d'amour-propre leur (4) ont nui autant que le mulet chargé d'or de Philippe. Cicéron blâme Caton d'écouter sa vertu intempestive, qui nuit, dit-il, à la liberté, et lui-même lui nuit cent fois davantage, en écoutant trop son amour-propre et en publiant la seconde Philippique. (5) Cicéron oubliait alors ce qu'il avait dit lui-même vingt ans auparavant, qu'il y a des coquins, tels que Sylla, dont un patriote doit taire le mal et respecter jusqu'à la mémoire, après leur mort, de peur que si on venait à casser leurs actes, l'état ne soit bouleversé. Le républicain qui ne sait pas sacrifier sa vanité, ses ressentimens, et même la vérité à l'amour du bien pu-

---

(1) Ancien texte : La vérité des choses que par la témérité de les dire.

(2) Ancien texte : Un ouvrage.

(3) Ancien texte de la république.

(4) Avaient plus nui.

(5) Ancien texte : La seconde Philippique, qui rend M. Antoine irréconciliable.

blic, est aussi coupable que celui qui ne sait pas lui faire le sacrifice de son intérêt personnel. L'avarice n'a point fait plus de mal à la patrie que d'autres passions dont le nom est moins odieux. Par exemple, la jalousie du pouvoir et la rivalité, l'amour de la popularité et des applaudissemens. Le patriote incorruptible est celui qui ne considère que le bien de la patrie, et dont l'oreille est aussi fermée et inaccessible aux applaudissemens des tribunes ou aux éloges des souscripteurs, que (1) ses mains le sont aux guinées de Pitt.

LE VIEUX CORDELIER.

Je réponds, en un mot : dans les temps de Sylla et de Marc-Antoine dont tu parles, si toute vérité n'était plus bonne à dire, c'est que déjà il n'y avait plus de république. Les ménagemens, les détours, la politesse, la circonspection, tout cela est de la monarchie. Le caractère de la république, c'est d'appeler les hommes et les choses par leurs noms et d'ignorer l'usage des points et des étoiles dans ses écrits. La monarchie fait tout dans le ca-

(1) Ancien texte : Ces moyens.

binet, dans des comités et par le seul secret; la république, tout à la tribune, en présence du peuple et par la publicité, par ce que Marat appelait faire un *grand scandale*. Dans les monarchies, la base (1) du gouvernement est le mensonge, tromper est tout le secret de l'état; la politique des républiques, c'est la vérité. Tu prétends dans ton journal, faire la guerre aux vices, sans noter les personnes : dès-lors tu n'es plus un républicain à la tribune des Jacobins, mais un prédicateur et un Jésuite dans la chaire de Versailles, qui parle à des oreilles royales, de manière qu'elles ne puissent s'effaroucher, et qu'il soit bien évident que (2) ses portraits sont de fantaisie, et ne ressemblent à personne. Au lieu de supprimer chrétiennement dans ton (3) numéro 7 ces six grandes pages de faits, si tu en publiais seulement une ou deux en véritable républicain, c'est alors que le public retirerait quelque fruit de la lecture du *Vieux Cordelier*. Après lui avoir mis sous les yeux deux ou trois exemples, tu lui dirais : Peuple fais ton profit de la leçon ; je ne veux point faire

---

(1) Ancien texte : Le bon.
(2) Ancien texte : Ces patriotes
(3) Ancien texte : Journal.

le procès à tant de monde, je veux ouvrir une porte au repentir, je veux ménager les patriotes, et même ceux qui en font le semblant (1); mais apprends par-là que tous ces grands tapageurs des sociétés populaires qui, comme ceux que je viens de nommer, n'ont à la bouche que le mot de guillotine, qui t'appellent chaque jour à leur aide, font de toi l'instrument de leurs passions, et pour venger leur amour-propre de la plus légère piqûre, crient sans cesse : *Que le peuple soit debout!* de même que les Dominicains, quand ils font brûler en Espagne un malheureux hérétique, ne manquent jamais de changer *l'Exurgat Deus,* « Que Dieu le père soit debout! » Prends y garde, et tu verras que tous ces tartuffes de patriotisme, tous ces Pharisiens, tous ces crucifiges (2), tous ces gens qui disent: *Il n'y a que nous de purs, nous ne resterons pas vingt montagnards à la Convention,* si on les épurait, non pas dans le club, mais dans mon journal véridique, parmi ces républicains (3) qui ne pardonneraient pas une petite larme, il ne s'en trouverait pas un seul qui ne fût un novice du 10 août, pas un qui n'eût

---

(1) Ancien texte : Malheur.
(2) Ancien texte Crucifuges.
(3) Ancien texte : Si ferveus.

été naguère, ou (1) Fayétiste ou Brissotin, ou même un Royaliste.

Conviens que tu n'oserais citer un seul de ces (2) individus : crois-moi, conserve au moins (3) ta réputation de franchise ; avoue que tu n'as pas assez de courage, ou plutôt ce ne serait point avouer ta poltronnerie. Le courage n'est point la démence, et il y aurait de la démence à ne point suivre le conseil de Pollion : « Je n'écris point contre qui peut proscrire. » Ce serait avouer [seulement] que nous ne sommes pas républicains (4), je le vois, mais tu ne peux te résoudre à faire cet aveu.

[Et pourtant], comment se faire illusion à ce point ? Je ne conçois pas comment on peut reconnaître une république là où la liberté de la presse n'existe point. Sais-tu ce que c'est qu'un peuple républicain, un peuple démocrate ? Je n'en connais qu'un parmi les anciens. Ce n'est point les Romains ; à Rome, le peuple ne parlait

---

(1) Ancien texte : Ou Brissotin, ou Feuillantin, ou même un royaliste.

(2) Ancien texte : Exemples.

(3) Ancien texte. En main.

(4) Ancien texte : Et.

(5) Ancien texte : Ce n'était.

guères avec liberté que par insurrection, dans la chaleur des factions, au milieu des coups de poings, de chaises et de bâtons, qui tombaient comme grêle autour de la tribune (1); mais de véritables républicains, des démocrates permanens, par principes et par instinct, c'étaient les Athéniens

Railleur et malin, non seulement le peuple d'Athènes permettait de parler et d'écrire, mais on voit (2) par ce qui nous reste de son théâtre, qu'il n'avait pas de plus grand divertissement que de voir jouer sur la scène ses généraux, ses ministres, ses philosophes, ses comités; et ce qui est bien plus fort, de s'y voir jouer lui-même. Lis Aristophane, qui fesait des comédies, il y a trois mille ans, et tu seras étonné de l'étrange ressemblance d'Athènes et de la France démocrates. Tu y trouveras un Père Duchesne, comme à Paris, les bonnets rouges, les ci-devant, les orateurs, les magistrats, des motions et des séances absolument comme les nôtres; tu y trouveras les principaux personnages du jour; en un mot, une antiquité de treize mille (3) ans dont nous sommes con-

---

(1) Ancien texte : Des tribunes.
(2) Ancien texte : Je ne vois pas.
(3) Ancien texte : Mille.

temporains. La seule ressemblance qui manque, c'est que, quand ses poètes le représentaient ainsi, à son Opéra et à sa barbe, tantôt sous le costume d'un vieillard, et tantôt sous celui d'un jeune homme, dont l'auteur ne prenait pas même la peine de déguiser le nom, et qu'il appelait *le peuple;* le peuple d'Athènes, loin de se fâcher, proclamait Aristophane le vainqueur des jeux, et encourageait par tant de bravos et de couronnes à faire rire à ses dépens, que l'histoire atteste, qu'à l'approche des Bacchanales, les juges des pièces de théâtre et le jury des arts étaient plus occupés que tout le sénat et l'aréopage ensemble, à cause du grand nombre de comédies qui étaient envoyées au concours. Notez que ces comédies étaient si caustiques, contre les ultra-révolutionnaires et les tenans de la tribune de ce temps-là, qu'il en est telle, jouée sous l'archonte Stratocles, quatre cent trente ans avant J.-C. (1), laquelle si elle était traduite mettrait debout les Cordeliers, car Hébert soutiendrait que la pièce ne peut être que d'hier, de l'invention infernale de Fabre d'Églantine, contre lui et le Père Du-

---

(1) Ancien texte: Que si on traduisait aujourd'hui ce qu'Hébert soutiendrait aux Cordeliers.

chesne, et que c'est le traducteur qui est la cause de la disette des subsistances (1); et il(2)jurerait *de le poursuivre jusqu'à la guillotine.* Les Athéniens étaient plus indulgens et non moins chansonniers que les Français : loin d'envoyer à Sainte-Pélagie, encore moins à la place de la révolution, l'auteur qui, d'un bout de la pièce à l'autre, décochait les traits les plus sanglans contre Périclès, Cléon (3), Lamarchus, Alcibiade, contre les comités et présidens des sections, et contre les sections en masse, les sans-culottes applaudissaient à tout rompre, et il n'y avait personne de mort par suite de la représentation que ceux des spectateurs qui crevaient à force de rire d'eux-mêmes.

Qu'on ne dise pas que cette liberté de la presse et du théâtre coûta la vie à un grand homme, et que Socrate but la ciguë. Il n'y a rien de commun entre les *Nuées* d'Aristophane et la mort de Socrate, qui arriva vingt-trois ans après la première

---

(3) A une des séances des Cordeliers, Hébert ne vient-il pas de dire que Phillippeaux, d'Églantine et moi, nous étions d'intelligence avec la disette, et la cause qu'il ne venait point de beurre au marché?

(2) Ancien texte : Jugerait.

(4) Ancien texte : Lamor...

représentation, et plus de vingt ans après la dernière. Les poètes et les philosophes étaient depuis long-temps en guerre; Aristophane mit Socrate sur la scène, comme Socrate l'avait mis dans ses sermons : le théâtre se vengea de l'école. C'est ainsi que Saint-Just et Barère te mettent dans leurs rapports du comité de salut public, parce que tu les a mis dans ton journal; mais ce qui a fait périr Socrate, ce ne sont point les plaisanteries d'Aristophane, qui ne tuaient personne, ce sont les calomnies d'Anitus et de Mélitus qui soutenaient que Socrate était l'auteur de la disette, parce qu'ayant parlé des dieux avec irrévérence dans ses dialogues, Minerve et Cérès ne fesaient plus venir de beurre et d'œufs au marché, N'imputons donc pas le crime de deux prêtres, de deux hypocrites, et de deux faux témoins à la liberté de la presse, qui ne peut jamais nuire et qui est bonne à tout. Charmante démocratie que celle [des sans-culottes] d'Athènes! Solon n'y passa point pour un muscadin; il n'en fut pas moins regardé comme le modèle des législateurs, et proclamé par l'oracle le premier des sept sages, quoiqu'il ne fît aucune difficulté de confesser son penchant pour le vin, les femmes et la musique; et il a une possession de sagesse si bien établie, qu'aujourd'hui encore on ne prononce son nom dans la Convention et aux Jacobins, que comme celui du plus grand législateur. Combien ont parmi nous une réputation d'aristocrates et de Sardanapales, qui n'ont pas publié une semblable profession de foi !

Et ce divin Socrate, un jour, rencontrant Alcibiade sombre et rêveur, apparemment parce qu'il était piqué d'une lettre d'Aspasie : « Qu'avez-vous, lui dit le plus grave des Mentors ? auriez-vous perdu votre bouclier à la bataille ? avez-vous été vaincu dans le camp à la course, ou à la salle d'armes ? quelqu'un a-t-il mieux chanté ou mieux joué de la lyre que vous à la table du général Nicias. » Ce trait peint les mœurs. Quels républicains aimables !

Pour ne parler que de leur liberté de la presse, la grande renommée des écoles d'Athènes ne vint que de leur liberté de parler et d'écrire, de l'indépendance du lycée (1), des administrateurs de police. On lit dans l'histoire que Sophocle ayant voulu soumettre *les jardins* ou *les écoles de philosophie* à l'inspection du sénat, les professeurs fermèrent la classe ; il n'y eut plus ni (1) maîtres

---

(1) Ancien texte : De la juridiction.
(2) Ancien texte : *de*

ni écoliers, et les Athéniens condamnèrent l'orateur Sophocle à une amende de 24,000 drachmes, pour sa motion inconsidérée. On ignorait dans les écoles jusqu'au nom de l'archonte. C'est cette indépendance qui valut à l'école d'Athènes sa supériorité sur celle de Rhodes, de Milet, de Marseille, de Pergame et d'Alexandrie. O temps de la démocratie! ô mœurs républicaines! où êtes-vous?

Toi-même, aujourd'hui que tu as pourtant l'honneur d'être représentant du peuple, et un peu plus qu'un honorable membre du parlement d'Angleterre, encore qu'il soit évident que jamais ni toi, ni personne, n'eût accepté les fonctions de député, à la charge d'être infaillible et de ne jamais te tromper dans tes opinions, t'est-il permis de te tromper, même dans une seule expression; et si un mot vient à t'échapper pour un autre, le mot de clémence pour celui de justice, quoiqu'au fond tu n'aies demandé autre chose que Saint-Just, justice pour les patriotes détenus, que la Convention vient de décréter, ne voilà-t-il pas qu'aussitôt d'un coup de baguette, Hébert transforme ce mot de clémence en l'oriflamme d'une nouvelle faction, plus puissante, plus dangereuse, et dont tu es le porte-étendard!

Et comment oserais-tu écrire et être auteur

quand la plupart n'osent être lecteurs ; que les trois quarts de tes abonnés, à la nouvelle fausse que tu étais rayé des Jacobins, et au moindre bruit, courent comme des lièvres, et éperdus, chez Desenne effacer leurs noms, de peur d'être suspects *d'avoir lu*.

Aujourhui que tu es membre de la Convention nationale, sois de bonne foi : oserais-tu apostropher aujourd'hui tel adjoint du ministre de la guerre, le grand personnage Vincent par exemple, aussi courageusement que tu fesais, il y a quatre ans, Necker et Bailly, Mirabeau, les Lameth et Lafayette, quand tu n'étais que simple citoyen !

Passe encore que, suivant le conseil de Pollion, *tu n'écrives point contre qui peut proscrire;* mais oserais-tu seulement parler de quiconque est en crédit aux Cordeliers ! et, pour n'en prendre qu'un exemple, oserais-tu dire que ce Momoro, qui se donne pour un patriote sans tache, et avant le déluge, ce hardi président qui, partout où il occupa le fauteuil, au club et à sa section, jette d'une main téméraire un voile sur les droits de l'homme, et met les citoyens debout pour jeter par terre la Convention et la république; comme quoi ce même Momoro, le libraire, en 1789, à qui tu t'es adressé pour ta *France libre*, retarda tant qu'il put l'émission de cet écrit, qu'il avait sans doute communiqué à la police, ayant bien prévu la prodigieuse influence qu'il allait avoir; comme quoi Momoro, qui s'intitule *Premier Imprimeur de la Liberté*, s'obstinait à retenir prisonnier dans sa boutique, comme suspect, cet écrit révolutionnaire dont l'impression était achevée dès le mois d'août; comme quoi la Bastille prise, Momoro refusait encore de le publier; comme quoi le 14 juillet, à onze heures du soir, tu fus obligé de faire charivari à la porte de ce grand patriote, et de le menacer de la lanterne le lendemain s'il ne te rendait ton ouvrage que la police avait consigné chez lui; comme quoi Momoro brava ta grande dénonciation, à l'ouverture des districts et des sociétés, et que pour ravoir ton ouvrage, il te fallut un *laissez-passer* par écrit de Lafayette qui venait d'être nommé commandant-général, et dont cet ordre fut un des premiers actes d'autorité! Cet enfouisseur d'écrits patriotiques est aujourd'hui un des plus *ultrà* patriotes, et l'arbitre de nos destinées aux Cordeliers d'où il te fait chasser, toi et Dufourny, aux acclamations.

Encore si la loi était commune et égale pour tout le monde; si la liberté de la presse avait les mêmes bornes pour tous les citoyens ! Toi, quand tu as dit qu'Hébert avait reçu 120 mille livres de Bouchotte, tu as produit ses quittances. Mais à Hébert, non-seulement il est permis de dire que tu es vendu à Pitt et à Cobourg; que tu es d'intelligence avec la disette, et que c'est toi qui es la cause qu'il ne vient point de bœufs de la Vendée; mais il lui est même permis, à lui, à Vincent, à Momoro, de demander ouvertement et à la tribune une insurrection, et de crier aux armes contre la Convention. Certes, si Philippeaux, Bourdon de l'Oise, ou toi, aviez demandé une insurrection contre Bouchotte ou Vincent, vous eussiez été guillotinés dans les vingt-quatre heures. Où est donc ce niveau de la loi qui, dans une république, se promène également sur toutes les têtes ?

CAMILLE-DESMOULINS.

Je conviens que ceux qui crient si haut contre la clémence doivent se trouver fort heureux que, dans cette occasion, la Convention ait usé de clémence à leur égard. Beaucoup sont morts, entre les Tuileries et les Champs-Élisées, qui n'avaient pas parlé si audacieusement que certaines personnes à cette dernière séance du club des Cordeliers, qui fera époque dans les annales de l'anarchie. Y a-t-il rien de criminel et d'attentatoire à la liberté comme ce drap mortuaire que Momoro, sous sa double (1) présidence à la section et aux Cordeliers, fait jeter sur la *Déclaration des droits;* ce voile noir, le drapeau rouge du club contre la Convention, et le signal du tocsin ? Ou plutôt, quand c'est sur les dénonciations extravagantes d'Hébert que Paré est un second Roland ; que moi, je suis vendu à Pitt et à Cobourg ; que Robespierre est un homme égaré, ou que Philippeaux est cause qu'il ne vient point de poulardes du Mans ; quand c'est sur un pareil rapport que ce voile noir est descendu religieusement sur la statue de la liberté par les mains pures des Momoro, des Hébert, des Ronsin, des Brochet, Brichet, Ducroquet, ces vestales en révolution ? Y a-t-il rien de si ridicule, et les médecins sont-ils aussi comiques avec leurs seringues dans la scène de Molière, que les Cordeliers avec leurs crêpes dans la dernière séance ?

Mais pour nous renfermer dans la question

---

(1) Ancien texte : Dans sa.

de la liberté de la presse, sans doute elle doit être illimitée ; sans doute les républiques ont pour base et fondement la liberté de la presse, non pas cette autre base que leur a donnée Montesquieu. Je penserai toujours, et je ne me lasse point de répéter, comme Loustalot, que *si la liberté de la presse existait dans un pays où le despotisme le plus absolu aurait mis dans la même main tous les pouvoirs, elle seule suffirait pour faire contre-poids* ; je suis même persuadé que, chez un peuple lecteur, la liberté illimitée d'écrire, dans aucun cas, même en temps de révolution, ne pourrait être funeste ; par cette seule sentinelle, la république serait suffisamment gardée contre tous les vices, toutes les friponneries, toutes les intrigues, toutes les ambitions ; en un mot, je suis si fort de ton sentiment sur les bienfaits de cette liberté, que j'adopte tous tes principes en cette matière, comme la suite de ma profession de foi.

Mais le peuple français en masse n'est pas encore assez grand lecteur de journaux, surtout assez éclairé et instruit par les écoles primaires qui ne sont encore décrétées qu'en principe, pour discerner juste au premier coup-d'œil entre Brissot et Robespierre. Ensuite, je ne sais si la nature humaine comporte cette perfection que supposerait la liberté indéfinie de parler et d'écrire. Je doute qu'en aucun pays, dans les républiques, aussi bien que dans les monarchies, ceux qui gouvernent aient jamais pu supporter (1) cette liberté indéfinie. Aristophane a mis sur la scène Cléon et Alcibiade, mais je soupçonne que c'est dans le temps qu'Alcibiade était dépopularisé, et qu'il avait fait un 31 mai contre Cléon, et cela ne prouve pas plus la supériorité de la démocratie grecque, et la liberté indéfinie du théâtre d'Athènes, que celle de notre théâtre serait prouvée aujourd'hui, par une comédie contre les constituans ou contre la municipalité de Bailly. Les Archontes d'Athènes étaient pétris de la même pâte que nos magistrats et nos administrateurs de police, et n'étaient pas plus d'humeur à souffrir la comédie d'Aristophane, qu'aujourd'hui celle de Fabre d'Églantine. La loi d'Antimachus à Athènes, contre les personnalités, de même que la loi des décemvirs contre les écrits, prouve que ceux qui ont eu l'autorité à Rome ou à Athènes, n'étaient pas plus endurans que le Père Duchesne et Ronsin, et qu'on

---

(1) Ancien texte : Supposer.

n'entend pas plus raillerie dans les monarchies que dans les républiques. Je sais que les commentateurs ont dit qu'Aristophane, dans la guerre du Péloponèse, joua un principal rôle dans la république, par ses comédies ; qu'il était moins regardé comme un auteur propre à amuser la nation, que comme le censeur du gouvernement ; et le citoyen Dacier l'appelle l'arbitre de la patrie. Mais ce beau temps des auteurs dura peu. L'écrivailleur Antimachus, aux dépens de qui Aristophane avait fait rire toute la ville d'Athènes, profitant de la peur qu'avaient les trente tyrans d'une censure si libre et si mordante, réussit enfin à faire passer, sous eux, la loi contre les plaisanteries à laquelle Périclès s'était constamment opposé, quoiqu'Aristophane ne l'eût pas épargné lui-même. Il parvint même à donnner à sa loi un effet rétroactif, et notre vieux et goutteux auteur fût très-heureux d'en être quitte pour une amende. Les triumvirs eussent pu permettre à Cicéron, sexagénaire, de composer des traités de philosophie à Tusculum, et comme quelques sénateurs, amis de la république, plutôt que républicains, et qui n'avaient pas le courage de se percer de leur épée, comme Caton et Brutus, de regretter la liberté, de chercher des ossemens des vieux Romains, et de faire graver sur son cachet un chien sur la proue d'un vaisseau, cherchant son maître ; mais encore Antoine ne put lui pardonner sa fameuse Philippique et son numéro II du *Vieux Cordelier*. Tant ils étaient rares, même à Rome et à Athènes, les hommes qui, comme Périclès, assaillis d'injures, au sortir de la section, et reconduit chez lui par un Père Duchesne qui ne cessait de lui crier, que c'était un viédase, un homme vendu aux Lacédémoniens, soient assez maîtres d'eux-mêmes et assez tranquilles pour dire froidement à ses domestiques : « Prenez un flambeau et reconduisez le citoyen jusque chez lui. »

Quand la liberté indéfinie de la presse ne trouverait pas des bornes presque insurmontables dans la vanité des gens en place ou en crédit, la saine politique seule commanderait au bon citoyen qui veut, non satisfaire ses ressentimens, mais sauver la patrie, de se limiter à lui-même cette liberté d'écrire, et de ne point faire de trop larges piqûres à l'amour-propre, ce ballon gonflé de vent, dit Voltaire, dont sont sorties la plupart des tempêtes qui ont bouleversé les empires et changé la forme des gouvernemens. Cicéron, qui reproche à Caton d'avoir fait tant de mal à la république par sa probité intempestive, lui en fit bien davantage par son éloquence encore plus à contre-temps, et par sa divine Philippique. On voit, par les historiens, que dans la corruption générale et dans le deuil de Rome, qui avait perdu, dans les guerres civiles, presque tout ce qui lui était resté d'hommes vertueux, si l'on eût ménagé Marc-Antoine, plutôt altéré de volupté que de puissance, la république pouvait prolonger quelques années son existence, et traîner encore bien loin la maladie de sa décrépitude. Antoine avait aboli le nom de dictateur, après la mort de César ; il avait fait la paix avec les tyrannicides. Tandis que le lâche Octave, qui s'était caché derrière les charrois de l'armée pendant tout le temps de la bataille, vainqueur par le courage sublime d'Antoine, insultait lâchement au cadavre de Brutus qui s'était percé de son épée, Antoine répandait des larmes sur le dernier des Romains, et le couvrait de son armure : aussi les prisonniers, en abordant Antoine, le saluaient du nom d'*imperator*, au lieu qu'ils n'avaient que des injures et du mépris pour ce lâche et cruel Octave. Mais le vieillard Cicéron avait fait d'Antoine, par sa harangue, un ennemi irréconciliable de la république et d'un gouvernement qui, par sa nature, était une si vive peinture de ses vices et de cette liberté illimitée d'écrire. Cicéron, sentant bien qu'il avait aliéné Antoine sans retour, et comme tous les hommes, excepté les Caton, si rares dans l'espèce humaine, qu'il avait sacrifié tout sans politique à son salut, plutôt qu'à celui de la patrie, se vit obligé de caresser Octave, pour l'opposer à Antoine, de se faire ainsi un bouclier pire que l'épée. La popularité et l'éloquence de Cicéron furent le pont sur lequel Octave passa au commandement des armées, et, y étant arrivé, il rompit le pont. C'est ainsi que l'intempérance de la langue de Cicéron et la liberté de la presse ruina les affaires de la république autant que la vertu de Caton. A la vérité, mon *Vieux Cordelier*, et pour finir par un mot qui nous réconcilie un peu ensemble, et qui te prouve que si tu es un pessimiste, je ne suis pas un optimiste, j'avoue que, quand la vertu et la liberté de la presse deviennent intempestives, funestes à la liberté, la république, gardée par des vices, est comme une jeune fille dont l'honneur n'est défendu que par l'ambition et l'intrigue, on a bientôt corrompu la sentinelle.

Non, mon vieux profès, je n'ai point changé de principes ; je pense encore comme je l'écrivais dans un de mes premiers numéros ; le grand remède de la licence de la presse est dans la liberté de la presse ; c'est cette lance d'Achille qui guérit les plaies qu'elle a faites. La liberté politique n'a point de meilleur arsenal que la presse. Il y a cette différence à l'avantage de cette espèce d'artillerie, que les mortiers de d'Alton vomissent la mort aussi bien que ceux de Vandermersch. Il n'en est pas de même dans la guerre de l'écritoire ; il n'y a que l'artillerie de la bonne cause qui renverse tout ce qui se présente devant elle. Soudoyez chèrement tous les meilleurs artilleurs pour soutenir la mauvaise cause; promettez l'hermine et la fourrure de sénateur à Mounier, à Lally, à Bergasse; donnez huit cents fermes à J.-F. Maury ; faites Rivarol capitaine des gardes ; opposez-leur le plus mince écrivain, avec le bon droit, l'homme de bien en fera plus que le plus grand vaurien. On a inondé la France de brochures contre la révolution, contre tous ceux qui la soutiennent; le marquis de Favras colportait dans les casernes les pamphlets royalistes ; qu'est-ce que tout cela a produit ? au contraire, Marat se vante d'avoir fait marcher les Parisiens à Versailles, et je crois bien qu'il a eu grande part à cette célèbre journée. Ne nous lassons point de le répéter, à l'honneur de l'imprimerie, ce ne sont point les meilleurs généraux, mais la meilleure cause qui triomphe dans les batailles qu'on livre aux ennemis de la liberté et de la patrie. Mais, quelque incontestables que soient ces principes, la liberté de parler et d'écrire n'est pas un article de la *Déclaration des Droits* plus sacré que les autres qui, tous, sont subordonnés à la plus impérieuse, la première des lois, *le salut du peuple* ; la liberté d'aller et de venir est aussi un des articles de cette *Déclaration des Droits* ; dira-t-on que les émigrés ont le droit d'aller et de venir, de sortir de la république et d'y rentrer? La *Déclaration des Droits* dit aussi que tous les hommes naissent et meurent égaux ; en conclura-t-on que la république ne doit point reconnaître de ci-devant, et ne les pas traiter de suspects ; que tous les citoyens sont égaux devant les comités de sûreté générale ? cela serait absurde; le serait également, si le gouvernement révolutionnaire n'avait pas le droit de restreindre la liberté des biens, de l'opinion et de la presse, la liberté de crier : *vive le roi* ou *aux armes*, et *l'insurrection* contre la Convention et la république. J'ai surtout douté de la théorie de mon numéro IV sur la liberté indéfinie de la presse, même dans un temps de révolution, quand j'ai vu Platon, cette tête si bien organisée, si pleine de politique, de législation et de connaissances des mesures, exiger pour première condition (en son traité des lois, livre 4) que dans la ville pour laquelle il se propose de faire des lois, il y ait un tyran (ce qui est bien autre chose qu'un comité de salut public et de sûreté générale), et qu'il *faut aux citoyens un gouvernement préliminaire pour parvenir à les rendre heureux et libres.*

Mais, quand même le gouvernement révolutionnaire, par sa nature, ne circonscrirait pas aux citoyens la liberté de la presse, la saine politique suffirait pour déterminer un patriote à se limiter à lui-même cette liberté. Je n'avais pas besoin de chercher si loin l'exemple de Cicéron, que je citais il n'y a qu'un moment. Quelle preuve plus forte de la nécessité de s'interdire quelquefois la vérité et d'ajourner la liberté de la presse, que celle qu'offre en ce moment notre situation politique!

Il y a tantôt trois mois que Robespierre a dit qu'il y avait des hommes patriotiquement contre-révolutionnaires, de même tous nos vétérans jacobins, vénérables par leurs médaillons et leurs cicatrices, tous les meilleurs citoyens, Boucher, Sauveur, Raffron, Rhull, Julien de la Drôme, Jean

Bon Saint-André, Robert Lindet, Charlier, Bréard, Danton, Legendre, Thuriot, Guffroy, Duquesnoy, Milhaud, Bourdon de l'Oise, Fréron, Drouet Dubois-Crancé, Simon, Le Cointre de Versailles, Merlin de Thionville, Ysabeau, Tallien, Poulletier, Rovère, Perrin, Calès, Musset, les deux Lacroix, et même Billaud-Varrennes, Barère, Jay de Sainte-Foix, Saint-Just, C. Duval, Collot d'Herbois, quoique ceux-ci aient été les derniers à en convenir; j'aurais à nommer presque toute la sainte montagne, si je voulais faire un appel général : tous, et cela me serait facile à montrer, les journaux à la main, tous ont dit, soit aux Jacobins, soit à la Convention, la même chose en d'autres termes que Maure, il y a trois mois, *qu'il s'était élevé des sociétés populaires de patriotes crus comme des champignons, dont le système ultrà-révolutionnaire était très-propre à faire reculer la révolution.*

Charmé de voir tant de mes collègues recommandables rencontrer l'idée qui s'était fourrée dans ma tête depuis plus d'un an, que si l'espoir de la contre-révolution n'était pas une chimère et une manie, ce ne serait que par l'exagération que Pitt et Cobourg pourraient faire ce qu'ils avaient si vainement tenté depuis quatre ans par le modérantisme, à la première levée des boucliers, il y a trois mois. En voyant quelques-uns de mes collégues que j'estime le plus, des patriotes illustres se remettre en bataille contre l'armée royale du dedans, et aller au-devant de sa seconde ligne des *ultrà*, qui venait au secours de la première ligne des Feuillans ou des modérés, comme j'avais toujours été sur le même plan, et de toutes les parties, je voulus être encore d'une si belle expédition.

Je voyais que cette révolution que Pitt n'avait pu faire depuis quatre ans, avec tant de gens d'esprit, il l'entreprenait aujourd'hui par l'ignorance, avec les Bouchotte, les Vincent et les Hébert.

Je voyais un système suivi de diffamation contre tous les vieux patriotes, tous les républicains les plus éprouvés; pas un commissaire de la Convention, presque pas un montagnard qui ne fût calomnié dans les feuilles du *Père Duchesne*, l'imagination des nouveaux conspirateurs ne s'était pas mise en frais pour inventer un plan de contre-révolution; au premier jour Ronsin serait venu à la Convention, comme Cromwell au parlement, à la tête d'une poignée de ses fiers rouges; et répétant les propos du *Père Duchesne*, nous aurait débité absolument le même discours que le protecteur : « Vous êtes des j....f....., des viédases, des gourgandines, des Sardanapales, des fripons, qui buvez le sang du pauvre peuple, qui avez des gens à gages pendant que le pauvre peuple est affamé, etc., etc. »

« Je voyais que les Hébertistes étaient évidemment en coalition, au moins indirecte avec Pitt, puisque Pitt tirait sa principale force des feuilles du journal d'Hébert, et n'avait besoin que de faire faire certaines motions insensées, et de réimprimer les feuilles du *Père Duchesne*, pour terrasser le parti de l'opposition, et former le peuple à tous ceux qui, dans les trois royaumes, faisaient des vœux pour une révolution, en montrant le délire de ces feuilles, en répétant ce discours aux Anglais : « Seriez-vous maintenant jaloux de cette liberté des Français ; aimeriez-vous cette déesse altérée de sang, dont le grand-prêtre Hébert, Momoro et leurs pareils, osent demander que le temple se construise, comme celui du Mexique, des ossemens de trois millions de citoyens, et disent sans cesse aux Jacobins, à la commune, aux Cordeliers, ce que disaient les prêtres espagnols à Montézume ? *Les dieux ont soif !....* »

FIN DU VIEUX CORDELIER.

FRAGMENT

DU NUMÉRO VIII DU VIEUX CORDELIER,

Rédigé par Camille-Desmoulins, dans sa prison du Luxembourg, et non publié alors.

Vous souvient-il, citoyens et frères, que les tyrans de la féodalité personnifiaient le peuple aujourd'hui souverain sous le nom de Jacques Bonhomme? Eh bien! s'il m'était permis d'user de cette dénomination presqu'insultante, je vous dirais aujourd'hui: Jacques Bonhomme, sais-tu où tu vas, ce que tu fais, pour qui tu travailles? Es-tu sûr que ceux sur qui maintenant tu tiens les yeux ouverts ont réellement l'intention d'achever, de compléter l'œuvre de la liberté? et cette licence que je me donnerais ne serait pas sans exemple dans la république, car le sans-culotte Aristophane parlait ainsi jadis au peuple d'Athènes, il lui disait la vérité et le laissait faire. Le sénat, les Jacobins et les Cordeliers lui en savaient gré. Avons-nous encore de vrais Cordeliers, des sans-culottes et désintéressés? n'avons-nous pas plus de masques que de visages à l'orde du jour? et si je les arrachais, ces masques trompeurs, peuple, que dirais-tu? me défendrais-tu? j'ignore si tu le ferais, mais je sais qu'il en serait besoin, et cette seule circonstance devrait te montrer le danger et t'en faire connaître l'étendue; j'ai commencé par parler d'Athènes, j'y reviens encore. La renommée de Solon est en honneur: ce fut lui qui donna des lois à cette république florissante, ce ne fut pas lui qui les exécuta, on eut même tort d'en charger son parent; cette seule circonstance donna trop de crédit à son nom; la confiance des sans-culottes alla jusqu'à fournir à Pisistrate le pouvoir de les asservir en maître: ce fut un crime de lèze-majesté que d'avoir conspiré contre sa vie, et dès-lors il fut tout-à-fait un tyran; il en sera ainsi toutes les fois que conspirer contre un homme ce sera conspirer contre la république; toutes les fois que le peuple sera représenté par des citoyens connaissant assez peu leur mission pour s'attacher aux doctrines, à la réputation d'un seul individu, quelque bon sans-culotte qu'il leur paraisse............

....

Libres! vous voulez l'être; soyez-le donc tout-à-fait; ne vous contentez pas d'une liberté d'un moment, cherchez aussi quelle sera votre liberté dans l'avenir. Vous avez chassé votre Tarquin, vous avez fait plus, son supplice a effrayé tous les rois, ces prétendus maîtres du monde qui n'en sont que les tyrans et les spoliateurs. Mais pourquoi le pouvoir de Brutus dure-t-il plus d'une année? Pourquoi pendant trois jours entiers, un homme, deux hommes, trois hommes, peuvent-ils distribuer des grades, des faveurs et des grâces? Pourquoi est-ce à eux qu'on en doit la conservation et non à la république.

Rome voulut dix législateurs; ils pensaient n'être élus que pour un temps, ils restèrent bons sans-culottes; une première prolongation leur donna l'espoir d'une souveraineté durable, ils devinrent tyrans.

Camille exilé par la voix publique ne se voyant aucuns partisans, fait en partant des vœux pour une ingrate patrie; Coriolan y laisse des amis qui ont osé le défendre. On a souffert qu'un parti dans l'état s'élevât en sa faveur et il amène contre Rome les ennemis de sa gloire naissante.

La puissance d'un dictateur était bornée à six mois. Quiconque après avoir rempli sa mission aurait exercé un jour de plus cette autorité suprême eut été accusé par tous les bons Jacobins de Rome. Après avoir été six fois consul, un aristocrate est élevé à ce rang suprême; il croit pouvoir le conserver suivant la loi, mais contre l'usage; de ce premier empiétement au titre de dictateur perpétuel il n'y a qu'un pas, et s'il dédaigna de se maintenir tyran lui-même, le dictateur perpétuel rendit la route facile aux ancêtres des Caligula et des Néron.

Que devait faire la Convention! finir l'affaire; donner une constitution à la France! tout cela n'est-il pas déjà fait? Que l'on proclame donc cette constitution et que tout le monde s'y soumette. Si c'est la majorité de l'assemblée qui veut retenir les pouvoirs, fesons encore une révolution contre la majorité de l'assemblée.

LETTRE DE LUCILE

A ROBESPIERRE.

Est-ce bien toi qui oses nous accuser de projets contre-révolutionnaires, de trahison envers la patrie? Toi qui as déjà tant profité des efforts que nous avons faits uniquement pour elle. Camille a vu naître ton orgueil, il a pressenti la marche que tu voulais suivre; mais il s'est rappelé votre ancienne amitié, et, aussi loin de l'insensibilité de ton Saint-Just que de ses basses jalousies, il a reculé devant l'idée d'accuser un ami de collége, un compagnon de ses travaux. Cette main qui a pressé la tienne a quitté la plume avant le temps, lorsqu'elle ne pouvait plus la tenir pour tracer ton éloge. Et toi tu l'envoies à la mort. Tu as donc compris son silence? il doit t'en remercier; la patrie le lui aurait reproché peut-être; mais grâce à toi, elle n'ignorera pas que Camille-Desmoulins fut contre tous le soutien, le défenseur de la république.

Mais, Robespierre, pourras-tu bien accomplir les funestes projets que t'ont inspirés sans doute les âmes viles qui t'entourent? As-tu oublié ces liaisons que Camille ne se rappelle jamais sans attendrissement. Toi qui fis des vœux pour notre union, qui joignis nos mains dans les tiennes, toi qui as souri à mon fils et que ses mains enfantines ont caressé tant de fois, pourras-tu donc rejeter ma prière, mépriser mes larmes, fouler aux pieds la justice. Car, tu le sais toi-même, nous ne méritons pas le sort qu'on nous prépare; et tu peux le changer. S'il nous frappe, c'est que tu l'auras ordonné! Mais quel est donc le crime de mon Camille?..........

Je n'ai pas sa plume pour le défendre; mais la voix des bons citoyens et ton cœur, s'il est sensible et juste, seront pour moi. Crois-tu que l'on prendra confiance en toi en te voyant immoler tes amis? Crois-tu que l'on bénira celui qui ne se soucie ni des larmes de la veuve, ni de la mort de l'orphelin? Si j'étais la femme de Saint-Just, je lui dirais: La cause de Camille est la tienne, c'est celle de tous les amis de Robespierre! Le pauvre Camille, dans la simplesse de son cœur, qu'il était loin de se douter du sort qui l'attend aujourd'hui! Il croyait travailler à ta gloire en te signalant ce qui manque encore à notre république! on l'a sans doute calomnié près de toi, Robespierre, car tu ne saurais le croire coupable; songe qu'il ne t'a jamais demandé la mort de personne, qu'il n'a jamais voulu nuire par ta puissance et que tu étais son plus ancien ami, son meilleur ami. Lors même qu'il n'eût pas autant aimé la patrie, qu'il n'eût pas été autant attaché à la république, je pense que son attachement pour toi lui eût tenu lieu de patriotisme, et tu croirais que pour cela nous méritons la mort............ car le frapper lui, c'est...........

N. B. Cette lettre resta inachevée et ne fut point portée à Robespierre.

COPIE D'UNE LETTRE DE CAMILLE

À SON PÈRE.

En date du 11 décembre 1790, sur son mariage.

Aujourd'hui, 11 décembre, je me vois enfin au comble de mes vœux. Le bonheur pour moi s'est fait long-temps attendre, mais enfin il est arrivé, et je suis heureux autant qu'on peut l'être sur la terre. Cette charmante Lucile, dont je vous ai tant parlé, que j'aime depuis huit ans, enfin ses parens me la donnent et elle ne me refuse pas. Tout-à-l'heure sa mère vient de m'apprendre cette nouvelle en pleurant de joie. L'inégalité de fortune, M. Duplessis ayant vingt mille livres de rente, avait jusqu'ici retardé mon bonheur; le père était ébloui par les offres qu'on lui fesait. Il a congédié un prétendant qui venait avec cent mille francs; Lucile, qui avait déjà refusé vingt-cinq mille livres de rente, n'a pas eu de peine à lui donner son congé. Vous allez la connaître par ce seul trait. Quand sa mère me l'a eu donnée il n'y a qu'un moment, elle m'a conduit dans sa chambre; je me jette aux genoux de Lucile; surpris de l'entendre rire, je lève les yeux, les siens n'étaient pas en meilleur état que les miens, elle était toute en larmes, elle pleurait même abondamment et cependant elle riait encore. Jamais je n'ai vu de spectacle aussi ravissant, et je n'aurais pas imaginé que la nature et la sensibilité pussent réunir à ce point ces deux contrastes. Son père m'a dit qu'il ne différait plus de nous marier que parce qu'il voulait me donner auparavant les cent mille francs qu'il a promis à sa fille et que je pouvais venir avec lui chez le notaire quand je voudrais. Je lui ai répondu: Vous êtes un capitaliste, vous avez remué de l'espèce pendant toute votre vie, je ne me mêle point du contrat et tant d'argent m'embarrasserait; vous aimez trop votre fille pour que je stipule pour elle. Vous ne me demandez rien, ainsi dressez le contrat comme vous voudrez (1). Il me donne en outre la moitié de sa vaisselle d'argent, qui monte à dix mille francs. De grâce, n'allez pas faire sonner tout cela trop haut. Soyons modestes dans la prospérité. Envoyez-moi poste pour poste votre consentement et celui de ma mère; faites diligence à Laon pour les dispenses et qu'il n'y ait qu'une seule publication de bans à Guise comme à Paris. Nous pourrons bien nous marier dans huit jours. Il tarde à ma chère Lucile autant qu'à moi qu'on ne puisse plus nous séparer. N'attirez pas la haine de nos envieux par ces nouvelles, et comme moi renfermez votre joie dans votre cœur, ou épanchez-là tout au plus dans le sein de ma chère mère, de mes frères et sœurs. Je suis maintenant en état de venir à votre secours, et c'est là une grande partie de ma joie : ma maîtresse, ma femme, votre fille et toute sa famille vous embrassent.

CAMILLE-DESMOULINS.

(1) Camille était peu fortuné et ne vivait en grande partie que du produit de ses ouvrages ; mais il possédait la fortune la plus belle aux yeux de la raison, la moins dépendante des événemens et la plus honorable, un talent distingué. C'est a son mérite personnel qu'il dut la main de Lucile Duplessis.

PREMIÈRE LETTRE DE CAMILLE

A SON ÉPOUSE,

Datée de la prison du Luxembourg.

Ma chère Lucile, ma vesta, mon ange,

Ma destinée ramène dans ma prison mes yeux sur ce jardin où je passai huit années de ma vie à te voir. Un coin de vue sur le Luxembourg me rappelle une foule de souvenirs de nos amours. Je suis au secret, mais jamais je n'ai été par la pensée, par l'imagination, presque par le toucher plus près de toi, de ta mère, de mon petit Horace. Je ne t'écris ce premier billet que pour te demander les choses de première nécessité. Mais je vais passer tout le temps de ma prison à t'écrire; car je n'ai pas besoin de prendre ma plume pour autre chose et pour ma défense. Ma justification est toute entière dans mes huit volumes républicains. C'est un bon oreiller sur lequel ma conscience s'endort dans l'attente du tribunal et de la postérité. O ma bonne Lolotte, parlons d'autre chose. Je me jette à genoux, j'étends les bras pour t'embrasser, je ne trouve plus mon pauvre Loulou (*ici l'on remarque la trace d'une larme*), et cette pauvre Daronne (1).

Envoie-moi un pot à l'eau, le verre où il y a un C. et un D., nos deux noms, une paire de draps, un livre in-12 que j'ai acheté il y a quelques jours à Charpentier et dans lequel il y a des pages en blanc mises exprès pour recevoir des notes; ce livre roule sur l'immortalité de l'âme. J'ai besoin de me persuader qu'il y a un Dieu plus juste que les hommes et que je ne puis manquer de te revoir. Ne t'affecte pas trop de mes idées, ma chère amie, je ne désespère pas encore des hommes et de mon élargissement; oui, ma bien aimée, nous pourrons nous revoir encore dans le jardin du Luxembourg! Mais envoie-moi ce livre. Adieu Lucile! adieu Daronne! adieu Horace! Je ne puis pas vous embrasser, mais aux larmes que je verse, il me semble que je vous tiens encore contre mon sein. (*Ici se trouve la trace d'une seconde larme*).

Ton CAMILLE.

(1) On se rappelle que c'était le nom familier donné par Camille à madame Duplessis sa belle-mère.

DEUXIÈME LETTRE

Ma chère Lolotte,

Le chagrin de notre séparation m'a allumé le sang. Je n'ai point de chambre à feu, il faut que tu m'envoies un fourneau, de la braise, un soufflet, une caffetière. Il me faudrait aussi une cuvette et une cruche d'eau. Adieu Lucile, adieu Horace, adieu Daronne, adieu mon vieux père. Ecris-lui une lettre de consolation. Je suis malade, je n'ai mangé que ta soupe depuis hier. Le ciel a eu pitié de mon innocence, il m'a envoyé dans le sommeil un songe ou je vous ai vus tous; envoie-moi de tes cheveux et ton portrait, oh! je t'en prie, car je pense uniquement à toi et jamais à l'affaire qui m'a amené ici et que je ne puis deviner.

DERNIÈRE LETTRE DE CAMILLE

A SON ÉPOUSE.

Duodi germinal, 5 heures du matin.

Le sommeil bienfaisant a suspendu mes maux. On est libre quand on dort; on n'a point le sentiment de sa captivité; le ciel a eu pitié de moi. Il n'y a qu'un moment, je te voyais en songe, je vous embrassais tour-à-tour, toi, Horace et Daronne, qui était à la maison; mais notre petit avait perdu un œil par une humeur qui venait de se jeter dessus, et la douleur de cet accident m'a réveillé. Je me suis retrouvé dans mon cachot. Il fesait un peu de jour. Ne pouvant plus te voir et entendre tes réponses, car toi et ta mère vous me parliez, je me suis levé au moins pour te parler et t'écrire. Mais ouvrant mes fenêtres, la pensée de ma solitude, les affreux barreaux, les verrous qui me séparent de toi, ont vaincu toute ma fermeté d'âme. J'ai fondu en larmes, ou plutôt j'ai sangloté en criant dans mon tombeau : Lucile! Lucile! ô ma chère Lucile, où es-tu?...

(*ici on remarque la trace d'une larme.*) Hier au soir j'ai eu un pareil moment, et mon cœur s'est également fendu quand j'ai aperçu dans le jardin ta mère. Un mouvement machinal m'a jeté à genoux contre les barreaux; j'ai joint les mains comme implorant sa pitié, elle qui gémit, j'en suis bien sûr, dans ton sein. J'ai vu hier sa douleur (*ici encore une trace de larmes*), à son mouchoir et à son voile qu'elle a baissé, ne pouvant tenir à ce spectacle. Quand vous viendrez, qu'elle s'asseye un peu plus près avec toi, afin que je vous voie mieux. Il n'y a pas de danger, à ce qu'il me semble. Ma lunette n'est pas bien bonne; je voudrais que tu m'achetasses de ces lunettes comme j'en avais une paire il y a six mois, non pas d'argent, mais d'acier, qui ont deux branches qui s'attachent à la tête. Tu demanderais du numéro 15 : le marchand sait ce que cela veut dire; mais surtout, je t'en conjure, Lolotte, par nos amours éternelles, envoie-moi ton portrait; que ton peintre ait compassion de moi, qui ne souffre que pour avoir eu trop compassion des autres; qu'il te donne deux séances par jour. Dans l'horreur de ma prison, ce sera pour moi une fête, un jour d'ivresse et de ravissement celui où je recevrai ce portrait. En attendant envoie-moi de tes cheveux; que je les mette contre mon cœur. Ma chère Lucile! me voilà revenu au temps de mes premières amours, où quelqu'un m'intéressait par cela seul qu'ils sortait de chez toi. Hier, quand le citoyen qui t'a porté ma lettre fut revenu : « Eh bien! vous l'avez vue? » lui dis-je, comme je le disais autrefois à cet abbé Landreville, et je me surprenais à le regarder comme s'il fût resté sur ses habits, sur toute sa personne, quelque chose de ta présence, quelque chose de toi. C'est une âme charitable puisqu'il t'a remis ma lettre sans retard Je le verrai à ce qu'il paraît, deux fois par jour, le matin et le soir. Ce messager de nos douleurs me devient aussi cher que l'aurait été autrefois le messager de nos plaisirs. J'ai découvert une fente dans mon appartement; j'ai appliqué mon oreille, j'ai entendu gémir; j'ai hasardé quelques paroles, j'ai entendu la voix d'un malade qui souffrait. Il m'a demandé mon nom, je le lui ai dit. « O mon Dieu! » s'est-il écrié, à ce nom, en retombant sur son lit, d'où il s'était levé, et j'ai reconnu distinctement la voix de Fabre d'Eglantine. « Oui je suis Fabre, m'a-t-il dit; mais toi ici! la contre-révolution est donc faite? » Nous n'osons cependant nous parler, de peur que la haine ne nous envie cette faible consolation et que, si on venait à nous entendre, nous ne fussions séparés et resserrés plus étroitement; car il a une chambre à feu, et la mienne serait assez belle si un cachot pouvait l'être. Mais chère amie! tu n'imagines pas ce que c'est que d'être au secret sans savoir pour quelle raison, sans avoir été interrogé, sans recevoir un seul journal! c'est vivre et être mort tout ensemble c'est n'exister que pour sentir qu'on est dans un cercueil! On dit que l'innocence est calme, courageuse. Ah! ma chère Lucile! ma bien-aimée! souvent mon innocence est faible comme celle d'un mari, celle d'un père, celle d'un fils! Si c'était Pitt ou Cobourg qui me traitassent si durement; mais mes collègues! mais Robespierre, qui a signé l'ordre de mon cachot! mais la république, après tout ce que j'ai fait pour elle! C'est là le prix que je reçois de tant de vertus et de sacrifices! En entrant ici, j'ai vu Hérault-Séchelles, Simon, Ferroux, Chaumette, Antonelle; ils sont moins malheureux : aucun n'est au secret. C'est moi qui me suis dévoué depuis cinq ans à tant de haine et de périls pour la république, moi qui ai conservé ma pauvreté au milieu de la révolution, moi qui n'ai de pardon à demander qu'à toi seule au monde, ma chère Lolotte, et à qui tu l'as accordé, parce que tu sais que mon cœur, malgré ses faiblesses, n'est pas indigne de toi; c'est moi que des hommes qui se disaient mes amis, qui se disent républicains, jettent dans un cachot, au secret, comme si j'étais un conspirateur! Socrate but la ciguë; mais au moins il voyait dans sa prison ses amis et sa femme. Combien il est plus dur d'être séparé de toi! Le plus grand criminel serait trop puni s'il était arraché à une Lucile autrement que par la mort, qui ne fait sentir au moins qu'un moment la douleur d'une telle séparation; mais un coupable n'aurait point été ton époux, et tu ne m'as aimé que parce que je ne respirais que pour le bonheur de mes concitoyens.... On m'appelle... Dans ce moment les commissaires du tribunal révolutionnaire viennent de m'interroger. Il ne me fut fait que cette question : Si j'avais conspiré contre la république. Quelle dérision! et peut-on insulter ainsi au républicanisme le plus pur! Je vois le sort qui m'attend. Adieu, ma Lucile, ma chère Lolotte, mon bon loup, dis adieu à mon père. Tu vois en moi un exemple de la barbarie et de l'ingratitude des hommes. Mes derniers momens ne le déshonoreront point. Tu vois que ma crainte était fondée, que mes pressentimens furent toujours vrais. J'ai épousé une femme céleste par ses vertus ; j'ai été bon mari, bon fils ; j'aurais été aussi bon père. J'emporte l'estime et les regrets de tous les vrais républicains, de tous les hommes, la vertu et la liberté. Je meurs à trente-quatre ans ; mais c'est un phénomène que j'aie traversé, depuis cinq ans, tant de précipices de la révolution sans y tomber, et que j'existe encore, et j'appuie ma tête avec calme sur l'oreiller de mes écrits trop nombreux ; mais qui respirent tous la même philantropie, le même désir de rendre mes concitoyens heureux et libres, et que la hache des tyrans ne frappera pas. Je vois bien que la puissance enivre presque tous les hommes, que tous disent comme Denis de Syracuse : « La tyrannie est une belle épitaphe. » Mais, console-toi, veuve désolée ! l'épitaphe de ton pauvre Camille est plus glorieuse : c'est celle des Brutus et des Caton les tyrannicides. O ma chère Lucile ! j'étais né pour faire des vers, pour défendre les malheureux, pour te rendre heureuse, pour composer, avec ta mère et mon père, et quelques personnes selon notre cœur, un Otaïti. J'avais rêvé une république que tout le monde eût adorée. Je n'ai pu croire que les hommes fussent si féroces et si injustes. Comment penser que quelques plaisanteries dans mes écrits, contre des collègues qui m'avaient provoqué, effaceraient le souvenir de mes services ! Je ne me dissimule point que je meurs victime de ces plaisanteries et de mon amitié pour Danton. Je remercie mes assassins de me faire mourir avec lui et Philippeaux ; et puisque mes collègues ont été assez lâches pour nous abandonner et pour prêter l'oreille à des calomnies que je ne connais pas, mais à coup sûr les plus grossières, je puis dire que nous mourons victimes de notre courage à dénoncer des traîtres, et de notre amour pour la vérité. Nous pouvons bien emporter avec nous ce témoignage, que nous périssons les derniers des républicains. Pardon, chère amie, ma véritable vie, que j'ai perdue du moment qu'on nous a séparés, je m'occupe de ma mémoire. Je devrais bien plutôt m'occuper de te la faire oublier, ma Lucille! mon bon Loulou! ma poule à Cachant (1). Je t'en conjure, ne reste point sur la branche, ne m'appelle point, par tes cris; ils me déchireraient au fond du tombeau. Va gratter pour ton petit, vis pour mon Horace, parle-lui de moi. Tu lui diras, ce qu'il ne peut pas entendre, que je l'aurais bien aimé! Malgré mon supplice, je crois qu'il y a un Dieu. Mon sang effacera mes fautes, les faiblesses de l'humanité; et ce que j'ai eu de bon, mes vertus, mon amour de la liberté, Dieu le récompensera. Je te reverrai un jour, ô Lucile! ô Anette! Sensible comme je l'étais; la mort, qui me délivre de la vue de tant de crimes, est-elle un si grand malheur? Adieu, Loulou; adieu, ma vie, mon âme, ma divinité sur la terre! Je te laisse de bons amis, tout ce qu'il y a d'hommes vertueux et sensibles. Adieu, Lucile, ma Lucile! ma chère Lucile! adieu, Horace, Anette (2), Adèle (3)! adieu, mon père! Je sens fuir devant moi le rivage de la vie. Je vois encore Lucile! je la vois, ma bien-aimée! ma Lucile! mes mains liées t'embrassent, et ma tête séparée repose encore sur toi ses yeux mourans!

NOTE RELATIVE A CETTE LETTRE.

Cette lettre, imprimée en 1794, à la suite du *Vieux Cordelier*, a été collationnée avec soin sur l'original qui se trouve entre les mains de M. Matton aîné. Mme Duplessis et Mlle Desmoulins, sœur de Camille, lui ont remis tout ce qu'elles possédaient de l'auteur et notamment ses manuscrits et son portrait qui, dans des temps plus propices, guidera la main du sculpteur chargé de faire la statue que la patrie reconnaissante élèvera un jour sur la place de Guise au citoyen français qui le premier arbora la cocarde révolutionnaire.

(1) Cachant est un petit village qui se trouve près de Paris, sur le chemin de Bourg-la-Reine, où Mme Duplessis avait une maison de campagne. Camille et Lucile, en allant voir Mme Duplessis, avaient souvent remarqué à Cachant une poule qui, inconsolable d'avoir perdu son coq, restait jour et nuit sur la même branche et poussait des cris qui déchiraient l'âme; elle ne voulait plus prendre de nourriture et demandait la mort. C'est à cette poule que Camille fait ici allusion.

(2) Nom familier que donnait encore Camille à Mme Duplessis.

(3) Sœur de Lucile; elle ne se maria point et vécut toujours avec sa mère, dont elle fut l'unique consolation après la mort de Camille, de Lucile et de M. Duplessis.

ERRATA.

Dans l'Essai.

Page 8, ligne 10; Il étale, *lisez* : Il étalait.
Page 15, ligne 10; les numéros; *lisez* : ses numéros.
Page 17, ligne 12; de toutes parts sentant ce projet d'humanité, *li-sez* : de toutes parts ce projet d'humanité.
Page 20, ligne 14; échauffé aussitôt, *lisez* : échauffé, aussitôt.
Page 20, ligne 23; *muriemur*, lisez : *moriemur*.
Page 34, ligne 10; la, *lisez* : sa
Page 30, ligne 3; 2, *lisez* : 4
Page 33, ligne 6; 200, *lisez* : 300.
Page 34, ligne première; voulait, *lisez* : voulut.

Dans le Vieux Cordelier.

Page 53, dernière ligne; blique, *lisez* : la république.
Page 144, ligne 2, au coudes, *lisez* : aux coudes.
Page 144, ligne 9; Histsire, *lisez* : Histoire.
Page 158, ligne 4; clameure, *lisez* : clameur,
Page 158, ligne 10; tout de fantaisie, *lisez* : sont de fantaisie.

www.ingramcontent.com/pod-product-compliance
Lightning Source LLC
Chambersburg PA
CBHW062011180426
43199CB00034B/2280